글로벌틴 BibleStudy

빌립보서

역경을 기쁨으로 이기는

유머의 대가가 되어라

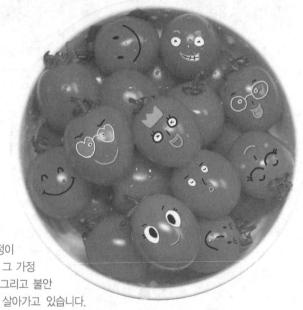

역경을 기쁨으로 이기는
유머의 대가가 되어라

경제적, 사회적 위기로 많은 가정이
어려움을 당하고 있습니다. 그리고 그 가정
속에 아이들도 세상 걱정과 염려, 그리고 불안
으로 인해 낙심과 좌절을 느끼며 살아가고 있습니다.
이런 시대 우리는 웃을 수 있는 여유를 찾고 싶어집니다.
누군가가 마음을 열어 평안과 확신 속에 역경을 이길 수 있는 힘을 불어 넣어주기를 기대합니다. 빌립보
서는 바로 그런 기대를 갖고 살아가는 사람들이 꼭 공부해야 할 성경입니다. 왜냐하면 빌립보서에는 온
갖 역경과 고난을 기쁨으로 이겨낸 유머의 대가 한 사람을 만날 수 있기 때문입니다. 그 사람의 이름은
바로 바울입니다. 복음을 위해 살다가 온갖 위협과 고난을 당하고 마침내 감옥에 갇힌 그는 유머의 대가
답게 그를 걱정하고 염려하는 우리를 향해 오히려 이렇게 외칩니다. "기뻐하십시오! 주 안에서 기뻐하십
시오! 다시 말씀드립니다. 주 안에서 기뻐하십시오!" 그렇습니다. 기쁨, 주님이 주시는 참된 기쁨을 회복
할 수만 있다면 우리는 어떤 역경도 이겨낼 수 있는 진정한 유머의 대가가 될 것입니다.

초판 10만부 이상 팔린 교재!

지구촌교회 청소년들을 비롯한 전국에 있는 청소년들을 변화시킨 Cell 교재
글로벌틴!

글로벌틴은 최초로 시도되는 청소년 Cell 교재입니다. 기존의 주제별 접근의 성경공부와는 달리, 성경본문을 청소년들의 삶의 자리에서 고민하며 해석하고, 그들의 관심과 상황을 본문 중심으로 엮은 교재입니다.

특히 설교와 연결되는 Cell 교재 개발을 연구해온 현장 사역자가 청소년부 성경공부의 시간 제약을 고려하여 설교와 분반모임이 유기적인 관계 속에 역동적인 시너지 효과를 낼 수 있도록 연구하여 만들어진 교재입니다.

글로벌틴 바이블 스터디의 특징

- 지구촌교회 청소년 사역의 현장에서 청소년들의 성숙과 부흥을 일으켰을 뿐 아니라 중소교회 청소년부에서도 부흥의 물결을 일으키는 교재입니다.
- 주제별 교재의 장점과 교리, 본문별 교재의 장점을 모두 살린 교재입니다.
- 최근에 시도되고 있는 주제 중심-강해설교의 스타일과 같은 강해 교재이기에 매주 끊어진 한 가지 주제를 다루는 한계를 넘어서 책별로 전체의 흐름을 관통하는 주제가 있습니다. 따라서 책이 끝날 때마다 보다 포괄적인 주제를 나눌 수 있습니다.
- 청소년 설교를 풍성하게 해주는 교재입니다. 교재의 세 가지 질문에 대한 답은 설교의 대지로 사용할 수 있으며, 이것을 통해 어떤 교회에서든 설교와 Cell모임을 연결한 사역을 감당할 수 있어 나눔의 시간을 더 가질 수 있습니다.
- 전달자에 의한 편차를 줄여 Cell모임을 친구끼리, 가정에서도 할 수 있으며, 또 누구나 인도할 수 있도록 지문을 통해 전달 내용을 밝힌 지문 중심의 교재입니다 (분반공부, 개인 성경공부 하기에도 좋습니다).
- 학생들이 찾아서 기록하는 부분은 꼭 필요한 핵심만 채워 넣으면 되도록 이미 작성되어 있습니다.
- 주제와 관련된 읽을 거리를 제공하여 실제적인 적용이 더욱 풍성해 지도록 돕습니다.

교사용 답안은 지티엠 홈페이지(www.gtm.or.kr)에서 보실 수 있고, 본문을 가지고 진행된 오디오와 동영상 설교가 지구촌교회 청소년부 홈페이지(edu.jiguchon.org)에서 매주 업데이트 되고 있습니다.

Contents

1. 유머의 대가는 기쁨의 비밀을 안다

기쁨의 비밀

유명한 작곡가 하이든에게 어떤 사람이 "선생님의 음악이 기쁨으로만 가득 차 있는 이유는 무엇입니까?"라는 질문을 던졌습니다. 이에 하이든은 다음과 같은 유명한 대답을 했다고 합니다. "주께서 내 가슴속에 폭발하는 기쁨을 주셨고 또 그분께서 내 펜을 움직이고 계시는데 어떻게 내가 기뻐하지 않을 수가 있습니까? 내 음이 어떻게 기쁨을 말하지 않을 수 있겠습니까?

1. 유머의 대가는 기쁨의 비밀을 안다

생각 나누기

1. 하이든의 음악이 기쁨으로 가득 찰 수 있었던 비결이 무엇이었나요?

2. 자신만 알고 있는 기쁨의 비밀이 있다면, 함께 나누어 보세요.

G-Teens 생각

기쁨의 비밀을 알고 있는 사람이 유머의 대가가 될 수 있습니다.

믿음 찾기

먼저 빌립보서 1:1~11절을 읽고 본문의 내용을 정리해 보세요.

■ 기쁨의 비밀을 아는 유머의 대가 Ⅰ
우리가 어떻게 기쁨의 비밀을 아는 유머의 대가가 될 수 있을까요?
빌 1:1 예수 그리스도의 종인 바울과 디모데는 그리스도 예수 안에서 빌립보에 사는 모든 성도와 또는 감독들과 집사들에게 편지하노니
(   ) 안에 있어야 합니다.

G-Teens 생각

사람들은 유머 있는 사람을 좋아합니다. 유머는 힘들고 어려운 삶 속에서도 웃을 수 있게 만들기 때문입니다. 하지만 그러한 웃음도 잠시, 치열한 생존경쟁을 해야 하는 세상에서 사람들은 기쁨을 잃어버린 채 얼굴을 붉히며 상한 마음을 갖고 살아가고 있습니다. 이런 세상에서 우리가 어떻게 기쁨을 갖고 살아갈 수 있을까요? 아니 나 뿐만 아니라 우리의 사랑하는 가족과 친구, 그리고 이웃에게 기쁨을 전염시키며 살아가는 유머의 대가가 될 수 있을까요? 예수님 안에 있어야 합니다. 그렇다면 왜 예수님 안에 있어야 하는 것일까요? 세상에는 참 기쁨이 없기 때문입니다. 세상에는 진정한 기쁨이 없습니다. 가고 싶은 대학을 가고 사고

싶은 것을 사면 기쁠 것 같은데 그렇지가 않습니다. 잠시 기쁨이 찾아오지만 곧 불평에 빠집니다. 아무리 좋은 핸드폰을 사면 뭐합니까? 잠시는 기쁘지만 1년도 지나기 전에 기쁨은 사라집니다. 그래서 사람들은 계속해서 기쁨을 누리고자 애를 씁니다. 개그 프로그램을 보기도 하고 여러 가지 게임을 하면서 기쁨을 찾고자 합니다. 그러나 되지 않습니다. 세상에는 기쁨이 없기 때문입니다. 그러기에 참 기쁨의 비밀을 알아야 합니다. 영원하고 참된 기쁨을 주는 비밀을 알아야 합니다. 그 기쁨의 비밀이 어디 있을까요? 그 비밀을 알고 있는 유머의 대가 사도 바울은 그 비밀이 예수님이라고 소개하고 있습니다. 세상의 모든 부와 명예와 권력을 가졌던 자신이 모든 것을 잃고도 기뻐할 수 있는 비밀이 바로 예수님이라고 소개하고 있는 것입니다. 그것이 바로 빌립보서입니다. 그래서 그는 자신을 소개하면서 가장 중요한 기쁨의 비밀을 이렇게 말하고 있는 것입니다. "제가 감옥에서도 왜 기뻐하는 지 아십니까? 그것은 예수님 때문입니다. 그러기에 사랑하는 여러분, 기쁨을 누리시기 원한다면 그리스도 예수 안에 있으십시오. 그렇다면 변하지 않는 영원한 기쁨이 찾아올 것입니다."

 G-TeenS 믿음

예수님 안에 있을 때 기쁨의 비밀을 알 수 있습니다.

■ **기쁨의 비밀을 아는 유머의 대가 II**
우리가 어떻게 기쁨의 비밀을 아는 유머의 대가가 될 수 있을까요?
빌 1:5 첫날부터 이제까지 복음에서 너희가 교제함을 인함이라
(   )의 교제를 가져야 합니다.

 G-TeenS 생각

어릴 적 친구들 사이에 있으면 웃음소리가 떠나지 않았습니다. 특히 유머가 많은 한 친구로 인해 우리는 재미있는 시간을 보낼 때가 많았습니다. 그렇다면 왜 친구들과 함께 있을 때 기쁨이 있는 것일까요? 아름다운 교제가 있기 때문입니다. 서로의 마음과 사랑을 나눌 수 있는 교제가 있었기에 기쁨이 넘쳐난 것입니다. 그렇습니다. 기쁨은 아름다운 교제를 나눌 때 전염되고 배가됩니다. 그러기에 예수님을 만난 기쁨을 다른 이들에게 전염시키고 싶다면 다른 그리스도인과 함께 교제해야 합니다. 그것을 성경은 "복음의 교제"라고 부릅니다. 하지만 요즘 우리 친구들을 보면 교제를 하지 않습니다. 예수님을 만나 참 기쁨을 알게 되었지만 옆에 있는 친구와 교제를 갖지 못함으로 기쁨을 전염시키지 못하고 있습니다. 그러기에 기쁨을 전염시키는 웃음의 대가가 되고 싶다면 빌립보 교인들과 복음의 교제를 가진 바울처럼 다른 친구들과 교제를 갖기 위해 노력해야 합니다. 믿습니까?

 G-TeenS 믿음

복음의 교제를 가질 때 기쁨의 비밀을 알 수 있습니다.

■ 기쁨의 비밀을 아는 유머의 대가 Ⅲ

우리가 어떻게 기쁨의 비밀을 아는 유머의 대가가 될 수 있을까요?

빌 1:8 내가 예수 그리스도의 심장으로 너희 무리를 어떻게 사모하는지 하나님이 내 증인이시니라

그리스도의 사랑을 (   ) 합니다.

 G-Teens 생각

그리스도인의 기쁨은 세상의 기쁨과 같지 않습니다. 그리스도인은 세상의 좋은 것을 얻어서 기뻐하지 않습니다. 그런 기쁨은 오래가지 않기 때문입니다. 생각해 보세요. 최신형 핸드폰을 사셨을 때 기분이 어땠습니까? 너무 기뻤을 것입니다. 하지만 지금도 그 핸드폰을 볼 때마다 기쁩니까? 결코 아닐 것입니다. 그러기에 진정한 기쁨을 전염시키는 웃음의 대가가 되고 싶다면 변하지 않는 기쁨을 알아야 합니다. 그것이 무엇일까요? 옆에 있는 친구와 이웃에게 그리스도의 사랑을 나누는 것입니다. 바울이 그랬습니다. 그는 그리스도의 사랑을 나누길 원했습니다. 빌립보 교인들에게 받은 사랑을 나누길 원했습니다. 그래서 그는 그리스도의 심장을 가지고 기도했습니다. "하나님 우리 빌립보 성도들에게 사랑과 지혜와 통찰력과 분별력을 허락해주셔서 주님 오시는 날까지 깨끗하고 흠 없이 살게 해 주옵소서" 그렇다면 왜 사랑을 나누고 싶었던 그가 기도밖에 하지 못했던 것일까요? 그것은 감옥에 갇혀 있었기 때문입니다. 감옥 안에서 갇힌 바울이 실천할 수 있었던 그리스도의 사랑은 기도밖에 없었기 때문입니다. 무슨 말이에요? 바울은 자신과 교제를 나눈 사람들을 위해 할 수 있는 최선의 것으로 사랑을 나누었다는 말입니다. 그리고 그 나눔은 감옥구금이라는 환란 속에서도 그 누구도 알 수 없는 기쁨을 누리게 했고 그 기쁨을 빌립보 형제들에게 전염시키기 시작한 것입니다. 그러기에 기쁨을 전염시키는 웃음의 대가가 되고 싶다면 교제에만 머무르지 말고 그리스도의 사랑을 나누어야 할 것입니다.

 G-Teens 믿음

그리스도의 사랑을 나눌 때 기쁨의 비밀을 알 수 있습니다.

 생활 적용하기

1. 기쁨의 비밀을 아는 유머의 대가가 되는 세 가지 비결은 무엇인가요?

2. 지금 삶 속에서 기쁨이 없다면 그 이유는 무엇일까요?

3. 옆에 있는 친구와 복음의 교제를 나누고 어떻게 그리스도인의 사랑을 실천할 것인지 나누어 보세요.

 G-Teens 암송 | 빌립보서 1:4~5

"나눔이 비밀입니다."

현직 초등학교 선생님이 불우한 가정환경으로 교사의 꿈을 포기해야 할 처지에 놓인 소녀가장을 돕기 위해 퀴즈 프로그램에 출연했습니다.
화제의 주인공은 경기도 고양시 탄현동 황룡초등학교 김흥기(52) 선생님.

김 선생님은 지난달 우연히 모 방송국 교양 프로그램을 통해 부친의 사업실패로 동생들과 함께 비닐하우스에서 생활하는 최모(19.고3)양의 사연을 접했습니다.
어렵게 살아가면서도 밝은 웃음을 잃지 않던 최양이 경제난으로 그토록 원하던 교사의 꿈을 이루기 위한 대학진학을 포기해야 할 처지에 놓였다는 사연을 접한 김 선생님은 도움의 손길을 건네려고 자신이 할 수 있는 일을 찾았습니다.
지난 1982년 모 방송국 퀴즈프로그램에서 2위에 입상한 전력이 있던 김 선생님은 23년이 지난 이달 초 다시 방송 퀴즈프로그램에 출연, 2천680만원의 상금을 획득할 수 있는 최종단계까지 올라갔습니다.
하지만 최양을 돕겠다는 간절한 생각이 오히려 김 선생님을 긴장하게 했고 5문제 가운데 3번째 문제를 틀려 350 여 만 원의 상금에 만족해야만 했습니다.
자신도 넉넉한 생활을 누리지 못하는 처지였던 김 선생님은 퀴즈프로 출연 신청을 한 뒤 퇴근 후의 모든 약속을 접어둔 채 귀가, 늦은 시간까지 공부를 하며 자신과 외로운 싸움을 벌였다고 합니다.
몸이 불편해 쉬고 싶기도 했지만 그럴 때마다 김 선생님은 마음속 깊게 자리 잡은 최양을 떠올리며 마음을 다잡아갔습니다. 퀴즈 프로그램에 나와 망신을 당할 수도 있다는 주위의 만류도 최양을 향한 김선생님의 뜻을 꺾지는 못했습니다. 가족들도 선생님의 이런 마음을 이해하고 예상문제를 고르는 등 든든한 후원자가 돼 주었습니다.

불우한 청소년을 위해 또다시 도움의 손길을 주겠냐는 질문에 선생님은 "누군가와 뭔가를 나눌 수 있다는 것만큼 삶의 큰 기쁨은 없다"고 말했습니다.

그렇습니다. 누군가를 돕고 싶은 마음과 물질을 나누는 것이 이렇게 아름답다면, 예수님과 예수님이 주신 기쁨을 나누는 것은 세상에서 가장 아름다운 일입니다.
예수님은 이 세상 최고의 도움이시기 때문이지요.
진정한 유머의 대가가 되길 원하신다면, 그리스도의 사랑을 나누십시오.

2. 유머의 대가는 역경지수가 높다

'역경지수'(AQ: Adversity Quotient)라는 말을 처음 사용한 스톨츠 박사는 인간에게 있어서 가장 중요한 능력은 지성이나 감성이 아니라 고난을 이겨내는 의지력이라고 말했습니다. 그의 연구에 의하면 사람들이 보통 역경을 만나게 되면 세 가지 유형의 반응을 보인다고 합니다. 첫째는 힘든 문제만 닥치면 포기하고 도망가는 '퀴터'(Quitter)형, 둘째는 피하지는 않지만 역경을 극복할 생각은 못하고 그냥 그 자리에 주저앉는 '캠퍼'(Camper)형, 셋째는 역경을 만났을 때 피하지 않고 자신의 모든 것을 동원해서 역경을 극복하는 '클라이머'(Climber)형이 있다는 것입니다. 그러기에 중요한 것은 '얼마나 좋은 대학과 직장에 취직했느냐?'가 아니라 '얼마나 역경지수가 높으냐?'인 것입니다.

2. 유머의 대가는 역경지수가 높다

생각 나누기

1. 스톨츠 박사의 연구에 의하면 역경을 만날 때, 사람들이 보이는 유형 세 가지는 무엇입니까?

2. 세 가지 유형 중 자신은 어떤 유형인지 서로 나눠 보세요.

 G-Teens 생각

역경지수가 높은 사람이 유머의 대가가 될 수 있습니다.

믿음 찾기

먼저 빌립보서 1:12~20절을 읽고 본문의 내용을 정리해 보세요.

■ 역경지수가 높은 유머의 대가 Ⅰ
우리가 어떻게 역경지수가 높은 유머의 대가가 될 수 있을까요?
빌 1:12 형제들아 나의 당한 일이 도리어 복음의 진보가 된 줄을 너희가 알기를 원하노라
역경이 온 (   )를 깨달아야 합니다.

 G-Teens 생각

역경을 만나면 사람들은 웃음을 잃어버립니다. 자신감을 잃어버리고 미소를 잃어버리고 역경에 눌려 고민과 걱정 속에 살아갑니다. 그러나 유머의 대가는 역경에 개의치 않습니다. 오히려 역경을 뛰어넘어 새로운 세계를 향해 달려 나갑니다. 그런 사람을 역경지수가 높다고 말합니다. 그렇다면 어떻게 역경지수가 높은 사람이 될 수 있을까요? 먼저 역경이 온 이유를 깨달아야 합니다. 왜 이런 고난이 나에게 찾아왔는지 그 이유를 깨달아야 한다는 말입니다. 그렇게 되면 역경을 만나 당황하지 않고 뛰어 넘을 수 있기 때문입니다. 역경지수가 높았던 사도 바울은 바로 그런 사람이었습니다. 고난이 찾아오자 이 어려움이 왜 찾

아왔는지 생각하게 되었습니다. 그리고 깨달은 것입니다. '아, 내가 감옥에 갇힌 것이 오히려 복음이 전파되는 데 도움이 되는 일이구나!' 그러자 마음속에 근심과 슬픔이 사라졌습니다. 아니 도리어 기쁨이 찾아왔습니다. 웃음을 되찾은 것입니다. 그래서 자신을 걱정하는 다른 형제들에게 전합니다. "근심하지 마십시오. 제가 감옥에 갇힌 고난은 복음이 전파되는 좋은 기회입니다."라고 말입니다. 그렇다면 사랑하는 여러분, 지금 여러분에게 찾아온 역경의 이유는 무엇 때문일까요?

 G-Teens 믿음

역경이 온 이유를 깨달을 때 역경지수가 높아집니다.

■ **역경지수가 높은 유머의 대가 II**

우리가 어떻게 역경지수가 높은 유머의 대가가 될 수 있을까요?

빌 1:18 그러면 무엇이뇨 외모로 하나 참으로 하나 무슨 방도로 하든지 전파되는 것은 그리스도니 이로써 내가 기뻐하고 또한 기뻐하리라

역경 속에서도 바른 (   )을 잃지 말아야 합니다.

 G-Teens 생각

역경이 온 이유를 깨달으면 일단 답답한 것이 풀려집니다. 하지만 그럼에도 불구하고 역경에 주저앉는 사람이 있습니다. 왜 그럴까요? 초점이 자신에게 있기 때문입니다. 자신이 지금 당하고 있는 고난에 눈이 머물러 있기 때문에 역경의 의미를 깨닫는다 할지라도 역경을 넘어서지 못하는 것입니다. 그러기에 역경지수를 높여 기쁨을 되찾으려면 역경 속에서도 바른 초점을 갖고 있어야 합니다. 초점을 잘 맞추어야 한다는 것입니다. 사도 바울은 초점을 잘 맞추었습니다. 자신의 갇힌 상황에 눈길을 두지 않고 그리스도께 초점을 맞춘 것입니다. 자기중심적인 생각에서 벗어나 그리스도 중심적인 생각을 갖고 자신의 역경을 바라본 것입니다. 그러자 기쁨이 생겼습니다. 감옥에 갇힌 자신을 통해 복음이 전파되고 그리스도께서 기뻐하실 것을 생각하니 기쁨이 생긴 것입니다. 그래서 그는 고백합니다. "전파되는 것은 그리스도니 이로써 내가 기뻐하고 또한 기뻐하리라" 얼마나 기뻤으면 기쁨이란 단어를 한 구절에서 두 번이나 사용한 것입니다. 그러기에 역경을 극복하는 유머의 대가가 되고 싶다면 무엇보다도 역경 속에서도 바른 초점, 다시 말해서 그리스도를 향한 초점을 잃지 말아야 합니다.

 G-Teens 믿음

역경 속에서도 초점을 잃지 않을 때 역경지수가 높아집니다.

■ 역경지수가 높은 유머의 대가 Ⅲ

우리가 어떻게 역경지수가 높은 유머의 대가가 될 수 있을까요?

빌 1:19 이것이 너희 간구와 예수 그리스도의 성령의 도우심으로 내 구원에 이르게 할 줄 아는 고로

역경을 극복하는 긍정적인 (   )를 가져야 합니다.

 G-Teens 생각

역경 속에서도 그리스도께 초점을 맞춘 사람은 긍정적인 태도를 갖게 됩니다. 바울이 그랬습니다. 그리스도께 초점을 맞추자 감옥에 갇힌 힘든 상황 속에서도 긍정적인 태도를 갖게 되었습니다. 그의 고백을 들어보세요. 뭐라고 말하고 있습니까? "여러분이 나를 위해 계속 기도하고 있고 예수 그리스도의 성령이 나를 돕고 계시기 때문에 내가 풀려날 것을 잘 알고 있습니다."라고 고백하고 있지 않습니까? 그렇습니다. 우리가 아무리 역경 가운데 있다 할지라도 좌절할 필요가 없습니다. 당황할 필요가 없습니다. 왜냐하면 우리 주님께서 우리를 역경 가운데서 구원해 주실 것이기 때문입니다. 그러기에 역경을 만난 다 할지라도 흔들리거나 피하거나 낙심하지 말고 웃어야 합니다. 웃으면서 긍정적인 태도를 갖고 역경이 끝나 회복될 그날을 생각해야 합니다. 그렇게 할 때 우리는 역경 속에서도 웃을 수 있는 유머의 대가가 될 수 있을 것입니다.

 G-Teens 믿음

긍정적인 태도를 가질 때 역경지수가 높아집니다.

 생활 적용하기

1. 역경지수가 높은 유머의 대가가 되는 세 가지 비결은 무엇인가요?

2. 최근 자신이 당한 역경을 생각하며 그것이 왜 왔는지 이유를 옆 사람과 나눠 보세요.

3. 자신이 당한 역경에서 구원하실 그리스도 예수를 생각하며 역경이 극복될 수밖에 없는 긍정적인 이유를 적고 옆 사람과 중보기도를 해 보세요.

 G-Teens 암송 | 빌립보서 1:18

역경지수가 높은 사람들만 가지고 있는 항체

미국의 철학자, 클레이풀 교수가 한 친구의 집을 방문했습니다. 그는 그곳에서 두 팔과 다리가 없는 친구의 여동생을 보고 깜짝 놀랐습니다. 그러나 그녀는 예술에 대한 정서가 발달해 음악과 미술에 조예가 깊은 사람이었습니다. 그런데 그 무엇보다 놀라운 사실은 그녀의 표정이 누구보다도 밝다는 사실이었습니다. 그래서 클레이풀은 그녀에게 물었습니다.

"내가 네 처지였다면, 아마 견디지 못했을 거야. 무엇이 너를 이렇게 밝은 얼굴로 바꾸어 놓았니?"

소녀는 눈을 반짝이며 말했습니다.

"내가 가진 것은 너무 많아요. 음악을 듣고 명작을 읽을 수 있는 귀와 눈이 있어요. 가족과 친구들의 사랑도 있구요. 그러나 무엇보다 소중한 것은 내 마음속에 예수 그리스도가 있다는 것입니다. 이렇게 보물이 많은데 왜 내가 슬퍼해야 하나요?"

클레이풀 교수는 소녀의 고백에 큰 충격을 받아 신앙의 위대한 능력을 깨닫고 복음을 받아들였다고 합니다.

그렇습니다. 복음에는 역경을 극복하게 하는 특별한 항체가 있습니다. 그것은 바로 긍정적인 태도입니다. 이 태도가 역경의 이유를 분석하고, 역경 속에서도 바른 초점을 잃지 않게 하기 때문에 어떤 역경이 와도 이겨내는 것입니다.
이 특별한 항체를 보급할 사람, 진정한 유머의 대가, 바로 당신이기를 축복합니다.

3. 유머의 대가는 인생관이 다르다

G-Teens 이야기 **외모를 위해서라면...**

지난 9월 6일자 조선일보에서는 최근 조선일보와 (주)태평양이 공동으로 실시한 여론 조사결과를 다음과 같이 발표했습니다.

배우자에 대해 : "외모를 개선하기 위해 부인이나 남편의 성형 수술에 찬성한다." 65%
자녀에 대해 : "초등학생이라도 필요하다면 성형수술을 시킬 의향이 있다" 36%
본인의 경우 : "좀 더 나은 모습으로 보이기 위해 성형할 마음이 있다" 55%

사회생활과 관련하여 : "외모와 면접결과가 관련이 있다." 94%
　　　　　　　　　　"외모가 취업에 영향을 미치는 것은 옳다." 56%,
　　　　　　　　　　"나는 상대방을 평가할 때 외모의 영향을 받는다." 75%
　　　　　　　　　　"외모가 인간관계에 영향을 준다." 85%

이런 사회적 분위기 때문에 현재 우리나라의 외모관련 시장(화장품시장, 성형시장, 다이어트 시장)규모는 이미 10조원을 넘어섰으며, 이는 사교육비 시장 규모(8조원)를 훨씬 뛰어넘는 정도라고 합니다.

3. 유머의 대가는 인생관이 다르다

 생각 나누기

1. 외모지상주의적 사회분위기에 대해 어떤 생각을 가지고 있는지 서로 나눠보세요.

2. 외모지상주의적 인생관은 그리스도인에게 적합하다고 생각하십니까?

 G-Teens 생각

그리스도인다운 인생관을 가진 사람이 유머의 대가가 될 수 있습니다.

 믿음 찾기

먼저 빌립보서 1:21~30을 읽고 본문의 내용을 정리해 보세요.

■ 그리스도인다운 인생관을 가진 유머의 대가 Ⅰ

우리가 어떻게 그리스도인다운 인생관을 가진 유머의 대가가 될 수 있을까요?
빌 1:21 이는 내게 사는 것이 그리스도니 죽는 것도 유익함이니라
(   )를 위해 살아야 합니다.

 G-Teens 생각

많은 사람들이 그리스도인답게 산다는 것을 오해합니다. 조용하고 경건하게 사는 것을 그리스도인다운 생활이라고 생각합니다. 하지만 그렇지 않습니다. 그리스도인의 특징은 엄숙하고 경직된 경건함에 있지 않습니다. 오히려 그리스도인은 세상 그 누구보다도 행복하고 기쁜 마음으로 사는 사람입니다. 그러기에 늘 찬양이 떠나지 않습니다. 항상 미소 짓는 얼굴이 있습니다. 심지어 죽음 앞에서도 웃을 수 있는 여유가 있습니다. 바울이 바로 그런 사람이었습니다. 바울은 죽음 앞에서도 웃을 수 있는 사람이었습니다. 죽는 것을 두려워하지 않고 오히려 죽음을 기뻐할 수 있는 사람이었다는 말입니다. 아니 어떻게 그럴 수 있었던 것일까요? 그것은 그리스도인다운 인생관 때문입니다. 그리스도를 위해 살아야겠다는 인생관을 갖

고 살았기에 죽음도 두렵지 않았던 것입니다. 생각해 보세요. 죽으면 천국에서 주님과 영원히 함께 살 텐데 무엇이 두렵겠습니까? 죽음 앞에서도 기뻐할 수 있었던 것입니다.

 G-Teens 믿음

그리스도를 위해 사는 사람이 그리스도인다운 인생관을 가진 사람입니다.

■ 그리스도인다운 인생관을 가진 유머의 대가 II

우리가 어떻게 그리스도인다운 인생관을 가진 유머의 대가가 될 수 있을까요?

빌 1:24 그러나 내가 육신에 거하는 것이 너희를 위하여 더 유익하리라

(   )의 유익을 위해 살아야 합니다.

 G-Teens 생각

그리스도를 위해 살아갈 때 죽음 앞에서도 기뻐할 수 있는 기쁨이 있습니다. 죽는 것도 유익하다고 고백할 수 있는 여유가 있습니다. 그렇다면 그리스도를 위해 산다는 것은 구체적으로 어떻게 사는 것을 의미하는 것일까요? 교회에서 매일 생활하면서 사는 것일까요? 아니요! 그렇게 사는 것이 아니라 다른 사람의 유익을 위해 사는 것입니다. 다시 말하면 자신만 좋은 학교 가기 위해 친구들에게 노트 빌려주기 인색한 사람은 그리스도인다운 인생관을 가진 사람이 아니라는 말입니다. 하지만 요즘 학교를 가보면 그리스도인다운 인생관을 가진 사람을 찾아볼 수 없습니다. 교회도 마찬가지입니다. 예배만 드리고 자신의 공부를 위해서 그냥 사라집니다. 그래서 그런지 웃음이 넘쳐나야 할 학교와 교회에 웃음이 없습니다. 기쁨이 없습니다. 치열한 경쟁으로 인한 시기와 질투, 다툼은 넘쳐나지만 다른 사람의 유익을 위해 살아가는 기쁨을 가진 친구들을 만나질 못합니다. 이런 시대, 바울처럼 다른 사람의 유익을 위해 사는 그리스도인이 필요합니다. 바울처럼 다른 사람을 위해 사는 것이 유익이라고 고백하며 그들에게 기쁨을 주는 인생관을 가진 사람이 필요하다는 말입니다.

 G-Teens 믿음

다른 사람의 유익을 위해 사는 사람이 그리스도인다운 인생관을 가진 사람입니다.

■ 그리스도인다운 인생관을 가진 유머의 대가 III

우리가 어떻게 그리스도인다운 인생관을 가진 유머의 대가가 될 수 있을까요?

빌 1:29 그리스도를 위하여 너희에게 은혜를 주신 것은 다만 그를 믿을 뿐 아니라 또한 그를 위하여 고난도 받게 하심이라

(   )을 누리기 위해 살아야 합니다.

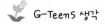
G-Teens 생각

그리스도인들은 다른 사람을 위해 사는 것을 기쁨으로 여깁니다. 그것이 우리의 인생관입니다. 그러나 실제로 그것이 쉽지가 않습니다. 왜냐하면 고난도 같이 따라오기 때문입니다. 바울이 그랬습니다. 바울은 그리스도와 믿음의 형제들을 위하여 살다가 갇혔습니다. 고난을 당한 것입니다. 그러나 고난이 바울의 기쁨을 앗아갈 수는 없었습니다. 그리스도인다운 인생관을 가진 그에게 고난은 특권이었기 때문입니다. 그래서 쉬운 성경은 29절을 이렇게 번역합니다. "하나님께서는 여러분에게 그리스도를 믿는 특권뿐만 아니라 그리스도를 위해 고난 받는 특권도 주셨습니다. 이 두 가지 모두 하나님께는 영광이 되는 것입니다." 그렇습니다. 그리스도인다운 인생관을 가진 사람에게 고난은 특권입니다. 아파하고 힘들어해야 할 걱정거리가 아니라 기뻐해야 할 영광의 면류관이 되는 것입니다. 하지만 요즘 우리 친구들을 보면 고난을 기뻐하지 않습니다. 고난을 피하려고만 합니다. 고난이 오면 하나님께 불평과 원망을 늘어놓습니다. 왜 그럴까요? 그리스도인다운 인생관을 갖지 못하고 살기 때문입니다. 그러기에 인생관을 제대로 정립해야 합니다. 그리스도와 다른 믿음의 형제들을 위해 고난 받는 것을 기쁨과 특권으로 여길 수 있도록 기도해야 합니다. 그렇게 할 때 그리스도인다운 인생관을 가진 유머의 대가가 될 수 있을 것입니다.

G-Teens 믿음

고난의 특권을 누리는 사람이 그리스도인다운 인생관을 가진 사람입니다.

생활 적용하기

1. 그리스도인다운 인생관을 가진 유머의 대가가 되는 세 가지 비결은 무엇인가요?

2. 그리스도와 다른 사람들의 유익을 위해 할 수 있는 일을 적어보고 옆 사람과 나눠보세요.

3. 그리스도와 다른 믿음의 형제들로 인해 어떤 고난을 받을 수 있는 지 적어보고 서로를 위해 중보기도 해주세요.

G-Teens 암송 | 빌립보서 1:21

스트라디바리우스 첼로 쓰레기통에

2004년 클래식 음악계 최고 뉴스로 떠올랐던 350만 달러(약 40억원)짜리 명품 첼로 도난 사건이 지난 2004년 4월 말 도난 3일 만에 해결된 것으로 뒤늦게 밝혀졌습니다.

사상 최고의 현악기 제작자인 '안토니오 스트라디바리'가 지난 1684년 만든 이 첼로는 LA 필하모닉 오케스트라의 재산으로 4월 24일 첼로주자인 피터 스텀프가 아차 실수로 잃어 버렸습니다. 이후 LA경찰이 전담 수사팀을 구성했고 외신을 타고 전 세계에 소개되는 등 법석을 떨었고, 도난 사흘 후인 지난달 27일 발견됐습니다. 이름이 알려지지 않은 29세의 한 여성이 LA 인근 실버 레이크를 지나던 중 교차로에서 교통신호가 바뀌길 기다리다 우연히 쓰레기통 옆에 있던 문제의 첼로 케이스가 있는 것을 보고 집으로 가져온 뒤 가구제작기술자인 남자친구와 수리여부를 상의하던 중 도난 된 첼로라는 사실을 알게 되었고 수사팀에 신고한 것인데요, 누군가 스트라디바리우스를 알아보지 못하고, 쓰레기통에 버린 것이었습니다.

여러분은 스트라디바리우스를 알아보실 수 있습니까? 명품의 가치를 알아볼 수 있는 사람만이 명품을 소중히 여기듯 복음의 가치를 아는 사람만이 그리스도인다운 인생관을 가질 수 있습니다. 그 사람만이 고난이 특권임을 알며, 다른 사람과 그리스도를 위해 살 수 있는 것입니다. 당신은 어떤 인생관을 가지고 사십니까?

순종, 그리스도의 마음, 존중하는 마음.

4. 유머의 대가는 겸손하다

겸손을 인정한 겸손한 선생님

믿거나 말거나 어느 학교에서 이런 일이 있었다고 합니다.

이 학교에는 너무 무자비하고, 불친절하고, 학생들을 무시하는 선생님들이 많았다고 합니다. 그런데 유독 한 선생님은 너무 겸손하시고, 학생들의 마음을 헤아리시며 사랑이 많으셔서 학생들이 스스로 돈을 모아 선생님께 기념 메달을 하나 제작해 드렸습니다. 메달에는 이렇게 쓰여 있었습니다. '한국에서 제일 겸손한 선생님' 그러나 학생들은 그 다음날 선생님께 드린 메달을 빼앗아 버렸습니다. 왜냐하면 그 선생님이 메달을 목에 걸고 학교에 나오셨기 때문입니다.

4. 유머의 대가는 겸손하다

 생각 나누기

1. 이 선생님은 진정 겸손한 선생님입니까?

2. 자신의 주변에 있는 사람 중, 가장 닮고 싶은 겸손한 사람에 대해 나눠보세요.

 G-Teens 생각

겸손한 사람이 유머의 대가가 될 수 있습니다.

 믿음 찾기

먼저 빌립보서 2:1~11절을 읽고 본문의 내용을 정리해 보세요.

■ 겸손한 유머의 대가 Ⅰ
우리가 어떻게 겸손한 유머의 대가가 될 수 있을까요?
빌 2:3 아무 일에든지 다툼이나 허영으로 하지말고 오직 겸손한 마음으로 각각 자기보다 남을 낮게 여기고
자신보다 다른 사람을 (   )해야 합니다.

 G-Teens 생각

교만한 사람의 특징은 잘 웃지 않는다는 것입니다. 마음이 굳어 있기 때문에 웃기보다는 비난과 판단이 빠릅니다. 그러나 겸손한 사람은 유머가 있습니다. 잘 웃고 웃을 수 있는 사람입니다. 그러기에 바울은 빌립보 교인들을 향해 유머의 대가가 되기 위한 또 하나의 중요한 부분을 말합니다. 그것은 바로 겸손입니다. 그렇다면 어떻게 겸손한 유머의 대가가 될 수 있을까요? 첫 번째로 다른 사람을 자기보다 더 낮게 여겨야 합니다. 행동이 먼저가 아닙니다. 마음이 바뀌어야 합니다. 마음이 행동으로 나타나기 때문입니다. 그러기에 겸손한 유머의 대가가 되고 싶다면 먼저 마음에서 다른 사람을 자기보다 낮게 여겨야합니다. 하지만

요즘 친구들의 마음이 얼마나 교만한지 모릅니다. 그 증거가 무엇인지 아십니까? 웃음이 없습니다. 아니 웃으려고 하지 않습니다. 그래서 웃기기가 얼마나 어려운지 모릅니다. 웬만한 유머는 다 썰렁하다며 비난합니다. 다른 사람의 이야기를 들으려고 하지 않습니다. 그러면서 점점 생활의 기쁨과 활력을 잃어가고 있습니다. 그러기에 다시 기쁨을 찾고자 한다면 자신보다 다른 사람을 존중하는 마음을 가져야 합니다. 그렇게 할 때 기쁨을 찾고 다른 사람들에게 기쁨을 전하는 유머의 대가가 될 수 있을 것입니다.

 G-Teens 믿음

다른 사람을 존중하는 사람이 겸손한 사람입니다.

■ 겸손한 유머의 대가 II
우리가 어떻게 겸손한 유머의 대가가 될 수 있을까요?
빌 2:4 각각 자기 일을 돌아볼뿐더러 또한 각각 다른 사람들의 일을 돌아 보아 나의 기쁨을 충만케 하라
자신의 일보다 다른 사람의 일을 (   ) 합니다.

 G-Teens 생각

겸손한 행동이 나오기 위해서는 마음이 중요하다고 말씀드렸습니다. 그러나 겸손한 마음은 있는데 실천하지 않는 사람도 있습니다. 마음만 먹고 행동하지 않는 것입니다. 이런 사람 역시 겸손한 유머의 대가가 될 수 없습니다. 그러기에 겸손한 마음을 먹었다면 행동해야 합니다. 자신보다 다른 사람을 낮게 여긴다면 다른 사람들의 일에 관심을 갖고 섬겨주어야 합니다. 바울이 그랬습니다. 그리스도를 만나 다른 사람들의 일을 도와 섬기면서 예전에 높은 위치에 있을 때 누리지 못했던 기쁨을 누리게 되었습니다. 겸손하게 살아가는 것이 기쁨의 비결이라는 것을 알게 된 것입니다. 그래서 그는 빌립보 교인들을 향하여 각각 다른 사람들의 일을 돌보라고 자신 있게 권면하고 있습니다. 그렇습니다. 기쁨이 충만한 유머의 대가가 되고 싶다면 다른 사람의 일을 돌아보는 겸손한 삶이 있어야 합니다. 겸손한 삶이 없이 말만 잘하는 사람을 사람들은 반기지 않습니다. 그렇다면 어떻습니까? 당신은 다른 사람의 일을 돌아보는 겸손한 삶을 살고 계십니까?

 G-Teens 믿음

다른 사람의 일을 돌아보는 사람이 겸손한 사람입니다.

■ 겸손한 유머의 대가 III
우리가 어떻게 겸손한 유머의 대가가 될 수 있을까요?
빌 2:5 너희 안에 이 마음을 품으라 곧 그리스도 예수의 마음이니

자기중심적인 마음이 아닌 (   )을 품어야 합니다.

 G-Teens 생각

겸손의 기쁨은 세상이 주는 기쁨과 갖지 않습니다. 그래서 그리스도인들의 소망 중에 하나가 있다면 그것은 겸손하게 사는 것이 아닐까 생각합니다. 그런데 왜 그렇게 살지 못하는 것일까요? 높아지려는 자아가 살아 있기 때문입니다. 그래서 사람들은 겸손하게 살고 싶어 하면서도 겸손하게 살지 못하고 마음이 완악해져 기쁨을 잃은 채 살고 있는 것입니다. 그렇다면 바울은 어떻게 겸손하게 살아갈 수 있었던 것일까요? 우리는 그렇게 살려고 해도 잘 안되는데 바울은 어떻게 세상의 모든 것을 내려놓고 겸손한 삶의 기쁨을 추구할 수 있었던 것일까요? 그리스도의 마음을 품고 살았기 때문입니다. 우리를 위해 낮아지신 주님의 마음을 배우고 품으며 산 것입니다. 그래서는 그는 교만으로 인해 하나 되지 못하고 기쁨을 상실한 빌립보 교인들에게 겸손하기 위해서는 그리스도의 마음을 품으라고 명령하고 있는 것입니다. 그렇습니다. 그리스도의 마음을 품을 때만이 세상이 알 수 없는 겸손한 자의 기쁨을 알 수 있는 유머의 대가가 될 수 있습니다. 그러기에 겸손한 유머의 대가가 되고 싶다면 빨리 자기중심적인 마음을 버리고 그리스도의 마음을 품어야 하는 것입니다.

 G-Teens 믿음

그리스도의 마음을 품는 사람이 겸손한 사람입니다.

 생활 적용하기

1. 겸손한 유머의 대가가 되는 세 가지 비결은 무엇인가요?

2. 다른 사람을 존중하지 못하고 도리어 비난한 일이 있다면 그 사람에게 어떻게 사과하고 주님이 주시는 기쁨을 회복할 것인지 생각하고 실천해 보세요.

3. 그리스도의 겸손이 나타난 성경의 구절을 찾고 암송해 보세요.

 G-Teens 암송 | 빌립보서 2:5

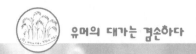

겸손한 사람

한국의 간디로 이름 나 있는 고당 조만식 선생님은 주기철 목사님이 시무하는 교회의 장로이며, 동시에 오산학교를 졸업한 주기철 목사님의 스승이기도 했습니다. 어느 주일 한 번도 늦은 적이 없던 조 장로님이 손님 때문에 예배 시간에 늦었습니다. 당시 전도사였던 주기철은 예배 사회 도중 교회 문을 삐걱 열고 들어오는 조 장로님을 보고는 이렇게 외쳤다고 합니다.

"조 장로님은 오늘 의자에 앉지 마십시오."

갑자기 예배당 안은 긴장감이 가득 찼고, 성도들은 '무슨 일이 일어나지는 않을까?' 걱정하였습니다. 그러나 조 장로님은 조용히 주기철 전도사님의 말에 순종하였습니다. 그리고 주기철 전도사님이 "서 계신 장로님, 기도 하십시오."라고 하자, 조만식 장로님은 진심으로 참회하는 마음의 눈물을 흘리며 다음과 같이 기도하였습니다.

"하나님, 저의 죄를 용서하여 주옵소서. 거룩한 주일에 하나님 만나는 것보다 사람 만나는 것을 더 중요하게 여긴 죄를 용서하여 주옵소서. 그리고 주의 종의 마음을 상하게 한 것도 용서하여 주옵소서."

조만식 장로님의 기도를 들은 성도들은 모두 감동을 받아 교회는 그만 울음바다가 되었다고 합니다.

그렇습니다. 겸손한 사람만이 사람들의 눈에서 눈물이 흐르게 할 수 있으며, 그 마음에서 기쁨이 흘러내리게 할 수 있습니다. 진정한 유머의 대가는 겸손한 사람입니다.

5. 유머의 대가는 주님의 기쁨이 된다

기쁨조 ??

북한에서 건너온 몇몇 사람들의 증언에 의하면, 북한에는 '기쁨조'라는 조직이 있다고 합니다. 이 조직을 위해 북한에서는 매년 전국에서 가장 아름다운 10대 후반부터 20대 초반까지의 여성들을 선발하는데, 주로 김정일 위원장이 좋아하는 스타일인 적당한 키(158~162cm)에 복스럽게 생긴 여성들로 구성한다고 합니다. 이렇게 선발된 여성들은 선발 후 6개월 정도의 교육을 받게 되고, 다시 '만족조', '행복조', '가무조'로 나뉘어 안마, 마사지, 지압, 노래와 춤, 예절 등을 익혀 김정일 위원장에게 기쁨을 제공한다고 합니다. 최근 몇 년 전부터 남과 북의 스포츠 경기가 있을 때면 등장하는 미녀응원단이 사실은 기쁨조라는 소문이 있지만, 사실을 확인하기는 어렵습니다.

누군가에게 기쁨이 된다는 것은 참 행복한 일입니다. 하지만, 북한에서처럼 자신의 의지와 상관없이, 또는 생존을 위해 하게 된다면 '기쁨조'로 살아가는 것이 오히려 불행할 것 같습니다.

5. 유머의 대가는 주님의 기쁨이 된다

1. 북한에 존재한다는 김정일 위원장에게 기쁨을 제공하는 조직의 이름은 무엇입니까?

2. 김정일 위원장을 기쁘게 하는 것과 주님을 기쁘게 하는 것의 차이는 무엇이라고 생각하는지 함께 나눠보세요.

 G-TeenS 생각

주님의 기쁨이 되는 사람이 유머의 대가가 될 수 있습니다.

민음 찾기

먼저 빌립보서 2:12~18을 읽고 본문의 내용을 정리해 보세요.

■ 주님의 기쁨이 되는 유머의 대가 Ⅰ

우리가 어떻게 주님의 기쁨이 되는 유머의 대가가 될 수 있을까요?

빌 2:14 모든 일을 원망과 시비가 없이 하라

주님이 기뻐하시는 일을 (　　　　) 합니다.

 G-TeenS 생각

유머는 사람들을 재미있고 기쁘게 합니다. 그러나 어떤 유머는 사람들을 기쁘게 하기보다는 오히려 눈살을 찌푸리게 하고 불쾌하게 만듭니다. 웃기는 요소가 있지만 내용이 좋지 않기 때문입니다. 그래서 유머를 사용하다가 싸우는 사람들도 있습니다. 웃으려다 오히려 다투고 서로를 원망하는 것입니다. 그러기에 유머를 잘 쓰는 것이 쉽지 않습니다. 사람이 기뻐하는 것을 잘 알 때만이 유머를 잘 사용할 수 있는 것입니다. 마찬가지입니다. 주님의 기쁨이 되는 유머의 대가가 되고 싶다면 주께서 기뻐하시는 일을 잘 알아야 합니다. 바울은 그것을 잘 알고 있었습니다. 그것은 어두운 세상에서 원망과 시비가 없이 빛 된 생활을 하는 것입니다. 세상 사람들에게 하나님의 말씀을 전하는 것입니다. 하지만 얼마나 많은 친구들이 불평을 입에 달고 사는지 모릅니다. 형제와 친구와 다툼을 밥 먹듯 합니다. 세상의 빛 된 생활을 하기는커녕 어두운 일에 참여합니다. 봉사하기보다는 섬김을 받는 데만 익숙해 있습니다. 이런 사람들은 아무리 유머를 잘 사용하고 사람들을 웃긴다 할지라도 유머의 대가라고 할 수 없습니다. 진정한 유머의 대가는 하나님이 기뻐하시는 일을 아는 사람입니다.

 G-Teens 믿음

주님이 기뻐하시는 일을 아는 사람이 주님의 기쁨입니다.

■ 주님의 기쁨이 되는 유머의 대가 II

우리가 어떻게 주님이 기뻐하시는 유머의 대가가 될 수 있을까요?

빌 2:12 그러므로 나의 사랑하는 자들아 너희가 나 있을 때뿐 아니라 더욱 지금 나 없을 때에도 항상 복종하여 두렵고 떨림으로 너희 구원을 이루라

주님이 기뻐하시는 일에 (   )해야 합니다.

 G-Teens 생각

저에게는 사랑하는 두 자녀가 있습니다. 그래서 그 두 자녀에게 매일 서로 다투지 말라고 가르쳐줍니다. 하지만 얼마나 자주 다투는지 모릅니다. 순종하지 않습니다. 그래서 기쁘지 않습니다. 순종하면 기쁜 삶을 살 수 있을 것인데 말을 안 듣습니다. 마찬가지입니다. 하나님이 기뻐하시는 유머의 대가가 되고 싶다면 순종해야 합니다. 그런데 사람들 앞에서는 순종하는 척하면서 아무도 보지 않을 때 순종하지 않는 친구들이 많습니다. 이런 친구들은 하나님을 기쁘시게 하지 못합니다. 그래서 사도 바울은 사람을 보고 순종하는 것이 아니라 하나님 앞에서 언제나 순종하는 자세를 갖고 살라고 말해 주고 있는 것입니다. 12절 보세요. "그러므로 나의 사랑하는 자들아 너희가 나 있을 때뿐 아니라 더욱 지금 나 없을 때에도 항상 복종하여 두렵고 떨림으로 너희 구원을 이루라" 무슨 말이에요? 사람을 의식하지 말고 하나님 앞에서 순종하는 태도를 가지라는 것입니다. 왜요? 그것이 우리 주님이 기뻐하시는 모습이기 때문입니다. 그러기에 주님의 기뻐하시는 일을 알았다면 이제 사람이 보든지 보지 않든지 상관없이 주 앞에서 순종함으로 주님의 기쁨이 되어야 할 것입니다.

 G-Teens 믿음

주님이 기뻐하시는 일에 순종하는 사람이 주님의 기쁨입니다.

■ 주님의 기쁨이 되는 유머의 대가 III

우리가 어떻게 주님이 기뻐하시는 유머의 대가가 될 수 있을까요?

빌 2:13 너희 안에서 행하시는 이는 하나님이시니 자기의 기쁘신 뜻을 위하여 너희로 소원을 두고 행하게 하시나니

주님이 (   )을 주심을 믿어야 합니다.

 G-Teens 생각

유머를 잘 사용하고 싶은데 그게 안 된다는 사람들이 많습니다. 사람들을 웃기고 싶어서 유머를 사용했는데 사람들이 웃기는커녕 오히려 썰렁하다고 반응하는 것입니다. 왜 그럴까요? 유머의 능력이 떨어지기 때문입니다. 그렇다면 웃기는 것도 능력이 없으면 안 되는데 하물며 우리가 주님이 기뻐하시는 일을 어떻게 할 수 있을까요? '과연 내가 주님이 기뻐하시는 일을 행할 수 있을까?' 이런 회의가 들지 않습니까? 그런데 오늘 성경은 우리가 주님이 기뻐하시는 일을 행하는 사람이 될 수 있다고 말씀하고 있습니다. 어떻게요? 아니 어떻게 그게 가능합니까? 그것은 우리 주님이 능력을 주시기 때문입니다. 13절 보세요. "너희 안에서 행하시는 이는 하나님이시니 자기의 기쁘신 뜻을 위하여 너희로 소원을 두고 행하게 하시나니" 무슨 말이에요? 하나님께서 자신의 기쁘신 뜻을 위해 우리를 돕는다는 말씀입니다. 쉬운 성경은 이것을 이렇게 번역하고 있습니다. "하나님께서는 여러분 안에서 하나님이 기뻐하시는 일을 할 수 있도록 돕고 계십니다. 또한 하나님은 할 수 있는 힘과 능력을 여러분에게 공급해 주실 것입니다." 그렇습니다. 하나님이 능력을 주시고 할 수 있도록 도와주실 것입니다. 그러기에 우리는 우리의 부족함에도 불구하고 하나님이 주신 능력으로 그분이 기뻐하시는 일을 할 수 있는 것입니다.

 G-Teens 믿음

주님이 능력 주심을 믿는 사람이 주님의 기쁨입니다.

 생활 적용하기

1. 주님의 기쁨이 되는 유머의 대가가 되는 세 가지 비결은 무엇인가요?

2. 내 생활 중에 하나님이 기뻐하시지 않는 일을 적어보고 앞으로 그렇게 하지 않겠다고 결단의 기도를 드려보세요.

3. 주님이 기뻐하시는 성화된 생활을 적어보고 순종의 노트를 만들어 체크해 보세요.

 G-Teens 암송 | 빌립보서 2:12~14

Hear와 Listen의 차이

Hear와 Listen의 차이를 아십니까?
Hear는 아무 생각 없이 들리는 소리를 듣는 것이고,
Listen은 듣겠다는 의지를 가지고 경청하는 태도를 말합니다.
따라서 '나는 영어 hearing이 잘 안 된다.' 라는 말은 틀린 말입니다.
청각 장애인이 아니라면, hearing이 안 될 사람은 없기 때문이죠.
문제는 Listening입니다.
듣고 무슨 의미인지 정확하게 잡아내는 훈련이 우리에게 필요한 것입니다.

우리가 왜 주님이 기뻐하시는 일을 알지 못하며, 순종하지 못합니까? 주님이 기뻐
하시는 일에 대해들을 때, Listen하지 않고, Hear하고 있기 때문입니다.
'주님이 능력 주신다.' 는 말씀을 Hear하지 말고, Listen하십시오.
그 사람이 주님을 기쁘시게 하는 유머의 대가입니다.

6. 유머의 대가는 행복을 전한다

효동장학재단 이야기

가난 때문에 초등학교 4학년 때 중퇴한 소년이 있었습니다. 어머니를 일찍 여의고 외롭게 성장한 그의 유일한 취미는 '생존을 위한 노동'이었습니다. 열심히 농사와 양계를 통해 돈을 모았고, 그렇게 모은 돈으로 부동산을 사 두었습니다. 그런데 갑자기 부동산 값이 치솟아 벼락부자가 되었습니다. '이렇게 많은 돈을 어떻게 써야할까?'를 고민하다가 자신이 공부를 제대로 못한 것이 안타까워 중요한 결정을 내리게 되었습니다.

"장학재단을 세워 가난한 학생들을 돕자.
분에 넘치는 재산은 반드시 사회에 환원해야 한다."

이렇게 1990년 효동장학재단이 설립되었고, 15년 동안 2천 여 명의 학생들에게 십 수억 원의 장학금을 지급했고, 장학금을 받은 학생들은 누구로부터 도움을 받는지는 몰랐지만, 그 장학금을 받을 때마다 행복이 함께 전해짐을 느꼈습니다.

6. 유머의 대가는 행복을 전한다

생각 나누기

1. 효동장학재단 이야기를 듣고 어떤 생각이 들었나요?

2. 사람들을 행복하게 한 경험이 있다면 함께 나누어 보세요.

G-Teens 생각

사람들에게 행복을 전하는 사람이 유머의 대가가 될 수 있습니다.

믿음 찾기

먼저 빌립보서 2:19~24절을 읽고 본문의 내용을 정리해 보세요.

■ 사람들에게 행복을 전하는 유머의 대가 Ⅰ

우리가 어떻게 사람들에게 행복을 전하는 유머의 대가가 될 수 있을까요?
빌 2:20 이는 뜻을 같이 하여 너희 사정을 진실히 생각할 자가 이밖에 없음이라
다른 사람들의 행복에 (   )이 있어야 합니다.

G-Teens 생각

구원받지 못한 사람들의 가장 큰 특징은 자기를 위하여 산다는 것입니다. 공부하는 것도 돈을 버는 것도 철저히 자기를 위하여 하는 것입니다. 그래서 다른 사람을 위하여 일하는 것은 늘 미루어집니다. 봉사하는 것도 점수에 들어간다고 해야 합니다. 사람들을 섬기는 것에 마음이 있는 것이 아니라 좋은 점수를 얻는 것에 생각이 있는 것입니다. 그러나 그리스도인들은 다른 사람들을 행복하게 하는 것에 관심이 있습니다. 자신을 위하여 사는 것이 행복이 아니라는 것을 알기 때문입니다. 하지만 문제는 하나님의 은혜로 그리스도인 되었음에도 불구하고 자기를 위하여 살 때가 많다는 것입니다. 그래서 그리스도인들 중에도 다른 사람의 행복에 관심을 가진 사람을 찾는 것이 쉽지가 않습니다. 바울도 그랬습니다. 그는 빌립보교

인들의 소식이 궁금해서 사람을 보내려 할 때 디모데와 에바브로디도 외에는 사람을 찾을 수가 없었습니다. 그들만큼 다른 사람들의 행복에 관심을 가진 사람을 찾기가 쉽지 않았던 것입니다. 그렇다면 어떻습니까? 하나님이 다른 사람들을 행복에 관심이 있는 사람을 찾으실 때 우리를 부르실 수 있을까요?

 G-Teens 믿음

타인의 행복에 관심이 있는 사람이 사람들을 행복하게 합니다.

■ 사람들에게 행복을 전하는 유머의 대가 II

우리가 어떻게 사람들에게 행복을 전하는 유머의 대가가 될 수 있을까요?

빌 2:21 저희가 다 자기 일을 구하고 그리스도 예수의 일을 구하지 아니하되

다른 사람들의 행복에 (   )가 있어야 합니다.

 G-Teens 생각

바울은 디모데를 추천하면서 디모데 외에 다른 사람 찾기가 힘든 이유를 이렇게 설명했습니다. "저희가 다 자기 일을 구하고 그리스도 예수의 일을 구하지 아니하되" 무슨 말입니까? 사람들의 우선순위가 하나님의 일에 있지 아니하고 자기의 일에 있다는 것입니다. 그렇습니다. 아무리 관심이 있다할지라도 우선순위가 밀리면 할 수 없습니다. 사람들을 만나보십시오. 그러면 다 입으로는 사람들을 도와야 한다고 합니다. 다른 사람들에게 관심을 가져야 한다고 합니다. 그러나 자신은 그렇게 하지 않습니다. 왜요? 우선순위가 밀려 있기 때문입니다. 사람들은 다른 사람들을 도우려 합니다. 그들의 행복에 관심이 있습니다. 그러나 자신의 일을 하고난 다음에 하려고 합니다. 그래서 늘 밀립니다. 평생 가도 자기 일 다음입니다. 그래서 한 평생 자신만을 위해 살다가 인생을 끝내는 것입니다. 그러기에 다른 사람들을 행복하게 하는 유머의 대가가 되고자 한다면 지금 해야 합니다. 관심이 있다면 미루지 말고 그들을 위해 시간과 물질과 에너지를 투자해야 하는 것입니다. 그렇게 할 때 다른 사람들을 행복하게 하는 유머의 대가가 될 수 있을 것입니다.

 G-Teens 믿음

타인의 행복에 우선순위가 있는 사람이 사람들을 행복하게 합니다.

■ 사람들에게 행복을 전하는 유머의 대가 III

우리는 어떻게 사람들에게 행복을 전하는 유머의 대가가 될 수 있을까요?

빌 2:22 디모데의 연단을 너희가 아나니 자식이 아비에게 함같이 나와 함께 복음을 위하여 수고하였느니라

다른 사람들을 행복하게 하는 (   )이 있어야 합니다.

G-Teens 생각

살다보면 우리의 삶에 관심을 가진 사람들을 종종 만납니다. 그들은 우리의 인생에 관심을 갖고 도움을 주려합니다. 게다가 우선순위도 있습니다. 무슨 일이 났다 하면 달려옵니다. 그런데 도움이 되기보다는 그분들로 인해 어려움을 당할 때가 있습니다. 친구 중에 여러분의 일에 관심은 많지만 입이 가벼운 사람은 없습니까? 그런 친구가 여러분에게 관심을 가지면 마음이 어떨까요? 마음이 가벼워지기는커녕 더 불편할 것입니다. 차라리 관심을 안 가져 주기를 바랄 것입니다. 왜 그럴까요? 인품이 되지 않았기 때문입니다. 그렇습니다. 우리가 누군가의 도움이 되고 그 사람들에게 행복과 기쁨을 주는 사람이 되고 싶다면 무엇보다도 그만한 인품이 있어야 합니다. 디모데가 그런 사람이었습니다. 그는 연단을 받아 인품이 다듬어진 사람이었습니다. 그것을 빌립보 교인들도 알고 있었습니다. 그래서 디모데를 보낼 때 이렇게 말할 수 있었던 것입니다. "디모데의 연단을 너희가 아나니…"사랑하는 여러분, 그렇다면 우리는 어떨까요? 우리는 다른 사람들을 행복하게 해줄 수 있는 인품을 갖고 있는 것일까요?

 G-Teens 믿음

타인을 행복하게 하는 인품이 있는 사람이 사람들을 행복하게 합니다.

 생활 적용하기

1. 다른 사람들을 행복하게 하는 유머의 대가가 되는 세 가지 비결은 무엇인가요?

2. 다른 사람들을 힘들게 하는 나의 부족한 인품과 그리스도의 인격을 적고 자신의 인품이 그리스도의 인격으로 변화될 수 있도록 인품 변화를 위한 기도 리스트를 만들어 보세요.

3. 주변에 우리의 관심과 사랑이 필요한 사람들이 있는지 살펴보고 그들을 어떻게 기쁘게 할 것인지 계획을 세우고 이번 주 실천해 보세요.

G-Teens 암송 | 빌립보서 2:22

외모가 아니라 인품입니다.

러시아에서 한 사내아이가 태어났습니다. 소년은 자라면서 자신의 외모에 심한 컴플렉스를 갖게 되었습니다. 너무 넓은 코와 두터운 입술, 작은 눈과 긴 팔다리가 원망스러웠습니다. 소년은 외모 때문에 행복한 삶을 살 수 없을 것이라고 절망했습니다. 그래서 하나님께 간절히 기도했습니다.

"하나님께서 기적을 베풀어주소서. 외모를 아름답게 변화시켜주시면 나의 모든 것을 바쳐 기쁘게 해드리겠습니다."

소년에게는 아무런 변화도 일어나지 않았습니다.
그러나 소년은 성장하면서 문학에 대한 천재적인 소질을 발휘하기 시작했습니다. 깊은 사색을 통해 아름다운 글을 써 내려가는 동안 소년은 오랫동안 자신을 괴롭혀 온 '외모 컴플렉스'를 단숨에 해결하는 해답을 얻게 되었습니다.

"사람의 아름다움은 외모에 있는 것이 아니다. 진정한 아름다움은 내면에 있다. 하나님의 말씀처럼 이웃에 대한 사랑과 깨끗한 인격이 모여 진정한 아름다움을 창출한다."

소년의 이름은 러시아의 대문호 톨스토이입니다. 지금, 그를 '못생긴 사람'으로 기억하는 사람은 세상에 아무도 없습니다.

그렇습니다. 그리스도를 닮은 인품을 가진 사람, 그래서 다른 사람의 행복에 우선순위를 두며 관심을 갖는 사람이야말로 진정한 얼짱입니다. 진정한 얼짱은 자신의 얼굴을 뽐내는 사람이 아닌, 자신의 얼굴을 통해 사람들에게 행복을 전하는 사람이기 때문입니다.
당신의 인품과 얼굴은 다른 사람을 행복하게 하고 있습니까?

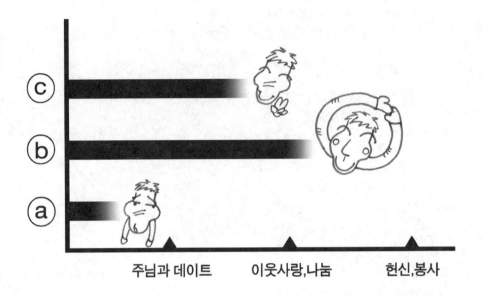

주님과 데이트   이웃사랑,나눔   헌신,봉사

7. 유머의 대가는 진짜 기쁨을 안다

G-Teens 이야기   진짜 ? 가짜 ?

최근 인기리에 방영되고 있는 '진실게임' 이라는 TV프로그램이 있습니다. 여러 명의 가짜 중에 한 명의 진짜를 찾아내는 게임인데요, 진짜 여자 찾아내기, 진짜 쌍둥이 찾아내기 등 매주 다른 소재로 번갈아가며 진짜를 찾아내는 게임이 진행되는데 참여하는 초대 손님들도 쉽게 진짜를 찾아내지 못하는 것을 보게 됩니다.

그 프로그램을 보면서 문득 이런 생각이 들었습니다.

'사실, 세상에 존재하는 대부분의 것들이 진짜와 가짜를 구별하기가 어렵지 않은가 !'

그렇습니다. 일명 '짜가' 옷이나 시계 등을 구입해 본 경험이 있는 사람이라면 진짜와 가짜를 구별하는 것이 얼마나 어려운지 쉽게 이해할 수 있을 것입니다.

그 무엇보다도 진짜 사랑, 진짜 우정, 진짜 믿음, 진짜 기쁨은 세상에서 가장 구별하기 어려운 대상일 것입니다.

7. 유머의 대가는 진짜 기쁨을 안다

1. 진짜인줄 알고 지냈는데 가짜임을 알게 된 적이 있었다면, 그 때의 기분을 나눠 보세요.

2. 참된 기쁨을 경험한 적이 있다면 함께 나눠보시고, 참된 기쁨의 특징을 열거해 보세요.

 G-Teens 생각

진정한 기쁨을 아는 사람이 유머의 대가가 될 수 있습니다.

믿음 찾기

먼저 빌립보서 3:1~11절을 읽고 본문의 내용을 정리해 보세요.

■ 진정한 기쁨을 아는 유머의 대가 I
우리가 어떻게 진짜 기쁨을 아는 유머의 대가가 될 수 있을까요?
빌 3:2 개들을 삼가고 행악하는 자들을 삼가고 손 할례당을 삼가라
(   )의 실체를 알아야 합니다.

 G-Teens 생각

중국에 갔다가 굉장히 비싼 명품 시계를 선물 받았습니다. 처음엔 명품인지도 몰랐습니다. 그런데 나중에 그 시계의 가격이 엄청나다는 것을 알고 놀라 "이런 것을 어떻게 차느냐?"고 그랬더니 "가짜"라고 그랬습니다. 그런데 꼭 진짜 같았습니다. 그렇습니다. 세상에는 가짜와 진짜가 있습니다. 가짜 명품이 있다는 것은 진짜 명품이 있다는 것입니다. 진짜가 없으면 사람들은 가짜를 만들지 않기 때문입니다. 기쁨도 마찬가지입니다. 참된 기쁨과 거짓 기쁨이 있습니다. 진짜와 가짜가 있다는 말입니다. 다시 말하면 복음을 통해 참된 기쁨을 누릴 수도 있고 율법을 통해 거짓 기쁨의 삶을 추구할 수도 있다는 말입니다. 그러기에 참된 기쁨을 누리려면 거짓기쁨인 율법주의자들을 조심해야 합니다. 가짜를 알아야 한다는 말입니다. 그

런데 대부분의 사람들은 진짜와 가짜를 분별하지 못합니다. 그래서 잠깐의 만족과 기쁨을 주는 가짜를 좋아하듯 율법주의에 빠집니다. 자신이 쌓아놓은 의를 다른 사람과 비교하면서 기뻐하는 것입니다. 그러나 바울은 누구보다도 율법주의라는 가짜가 어떤 것인지 경험으로 아는 사람이었습니다. 그래서 사랑하는 빌립보 교인들이 가짜에 물들지 않도록 조심하라고 강력히 말하고 있는 것입니다.

 G-Teens 믿음

가짜 기쁨의 실체를 알 때 진짜 기쁨을 알 수 있습니다.

■ 진정한 기쁨을 아는 유머의 대가 II
우리가 어떻게 진짜 기쁨을 아는 유머의 대가가 될 수 있을까요?
빌 3:4 그러나 나도 육체를 신뢰할 만하니 만일 누구든지 다른 이가 육체를 신뢰할 것이 있는 줄로 생각하면 나는 더욱 그러하리니
가짜 기쁨에 현혹되는 (   )해야 합니다.

 G-Teens 생각

한 아이가 교회에 비싼 옷을 입고 왔습니다. 그래서 "너의 집 형편에 이런 것 입어도 되니?"라고 물으니까 아이는 "짜가예요."라고 웃는 것입니다. 명품을 갖고 싶은데 못 가지니까 짜가를 갖고 다니는 것입니다. 그렇다면 왜 그럴까요? 왜 가짜인 줄 알면서도 갖고 다니는 것일까요? 자랑하고 싶은 마음이 있기 때문입니다. 명품을 가지면 자랑할 수 있잖아요. 그래서 가짜라도 가지려는 것입니다. 마찬가지입니다. 그리스도인들이 되었음에도 불구하고 자신을 자랑하고 싶어 하는 사람들이 있습니다. 교회에 오래 다닌 것을 자랑합니다. 임원인 것을 자랑합니다. 성경공부 많이 한 것을 자랑합니다. 율법주의자들이 그랬습니다. 그들은 자랑하고 싶었습니다. 자신의 이력과 배경을 자랑하고 싶었습니다. 왜 자랑할 때 기쁨이 있잖아요. 하지만 성경은 바울을 통해서 그런 것은 참된 기쁨이 아니라고 말씀해 주고 있습니다. 누구보다도 세상의 자랑거리를 많이 가졌던 바울의 고백을 통해서 자랑하고 싶은 모든 것들이 아무런 가치가 없는 것이라고 말씀해 주고 있는 것입니다. 그런데도 사람들은 바울의 고백을 듣지 못하고 가짜에 현혹됩니다. 자랑하고 싶은 마음을 버리지 못하기 때문입니다. 그러기에 거짓 기쁨에 넘어가지 않으려면 먼저 자랑하고 싶은 마음을 제거해야 합니다.

 G-Teens 믿음

가짜 기쁨에 현혹되는 원인을 제거할 때 진짜 기쁨을 알 수 있습니다.

■ 진정한 기쁨을 아는 유머의 대가 III
우리가 어떻게 진짜 기쁨을 아는 유머의 대가가 될 수 있을까요?

빌 3:8 또한 모든 것을 해로 여김은 내 주 그리스도 예수를 아는 지식이 가장 고상함을 인함이라 내가 그를 위하여 모든 것을 잃어버리고 배설물로 여김은 그리스도를 얻고

진짜 기쁨인 (   )를 알아가야 합니다.

 G-Teens 생각

자랑하는 마음을 버린다는 것이 얼마나 어려운 일일까요? 참된 기쁨을 얻지 못하는 사람들의 유일한 기쁨이 있다면 그것은 바로 자랑하는 기쁨일 것입니다. 하지만 진짜를 얻게 되면 가짜는 버리게 되어 있습니다. 사람들이 가짜를 갖고 자랑하는 것은 진짜를 갖지 못했기 때문입니다. 그러기에 거짓 기쁨을 버리고 참된 기쁨을 누리기 원한다면 참된 기쁨인 그리스도를 알아가야 합니다. 그렇게 할 때 가짜를 버릴 수 있기 때문입니다. 바울이 그랬습니다. 바울은 참된 기쁨인 그리스도를 알지 못할 때 세상의 자랑을 위해 야망을 불태우며 살았습니다. 그는 자신이 고백한 것처럼 육체를 신뢰할만한 사람이었습니다. 팔일 만에 할례를 받고 이스라엘의 족속이요 베냐민 지파요 히브리인 중의 히브리인이요 율법으로는 바리새인이요 열심으로는 교회를 핍박하고 율법의 의로는 흠이 없는 자였습니다. 그러나 그는 예전에는 그것을 자랑했지만 지금은 버렸습니다. 왜냐하면 그리스도를 아는 참된 기쁨을 발견했기 때문입니다. 그러기에 참된 기쁨을 알고 그것을 누리는 진정한 유머의 대가가 되고 싶다면 그리스도를 알아가야 합니다. 주님을 아는 것이 가장 고상한 기쁨임을 깨달아야 합니다. 그렇게 할 때 참된 기쁨을 알고 누리는 유머의 대가가 될 수 있을 것입니다.

 G-Teens 믿음

그리스도를 알아갈 때 진짜 기쁨을 알 수 있습니다.

 생활 적용하기

1. 진짜 기쁨을 아는 유머의 대가가 되는 세 가지 비결은 무엇인가요?

2. 당신이 현혹되어 있는 가짜 기쁨이 무엇이 있는지 적어보고 옆 사람과 나눠 보세요.

3. 진정한 기쁨인 예수 그리스도를 알기 위하여 어떤 노력을 할 수 있는 지 적어보고 옆 사람과 중보기도 하세요.

 G-Teens 암송 | 빌립보서 3:8

주 예수 보다 더 귀한 분은 없네

대학을 다니던 한 청년이 경제적 위기를 맞으며 어쩔 수 없이 휴학을 하게 되었습니다. 휴학 후 생계를 위해 한 보험회사에 입사한 청년은 겨우 겨우 어려운 시기를 지나가고 있었습니다. 그러던 어느 날 우연한 기회에 청년은 무대에서 노래를 부르게 되었고, 청년의 노래를 들은 방송국 PD의 눈에 들어 방송국으로부터 정규 출연 제의를 받게 됩니다. 이제 청년의 인생은 탄탄대로를 달릴 수 있게 되었습니다. 방송출연은 경제적 문제 해결은 물론 명예와 인기를 가져다 줄 수 있는 절호의 기회였기 때문입니다. 기대에 찬 마음으로 방송생활을 기다리던 청년은 그날도 어김없이 교회에서 부를 찬송을 연습하고 있었습니다. 그런데 문득 어머니께서 평소 즐겨 외우시던 성시(聖詩) 하나가 청년의 마음을 가득 메우기 시작했습니다. 자신도 모르는 사이에 청년은 성시를 통해 전해지는 감격을 체험하며 그 성시에 곡을 붙이기 시작했습니다.

주 예수 보다 더 귀한 것은 없네 이 세상 부귀와 바꿀 수 없네
영 죽을 내 대신 돌아가신 그 놀라운 사랑 잊지 못해
주 예수 보다 더 귀한 것은 없네 이 세상 명예와 바꿀 수 없네
이 전에 즐기던 세상일도 주 사랑하는 맘 뺏지 못해
주 예수 보다 더 귀한 것은 없네 이 세상 행복과 바꿀 수 없네
유혹과 핍박이 몰려와도 주 섬기는 내 맘 변치 못해

청년은 찬송가 102장의 작곡가 죠지 베버리 쉬. 이 성시에 곡을 붙여 부르면서 청년은 자신이 가야할 길을 깨닫게 되었습니다. 그 길은 진정으로 자신을 기쁘게 하고, 다른 사람을 기쁘게 할 길이었습니다. 청년은 빌리그래엄 전도단의 일원으로 합류하여 평생, 복음증거에 힘쓰는 생을 살았습니다.

참된 기쁨은 더 귀한 것 없는 예수님을 아는 것입니다.

차원 높은 목표를 향해 나갈때
정상에 오르는 기쁨을 알게 됩니다!

8. 유머의 대가는 정상에 오르는 기쁨을 안다

G-Teens 이야기 산에 오르는 기쁨

오랜만에 설악산에 올라보았습니다. 높은 봉우리에서 세상을 내려다보니 드넓은 바다도, 널찍한 대로도 참 작아 보입니다. 그렇게 커 보였던 빌딩들도 모두 장난감으로 변하고, 사람들은 아예 개미 같습니다. 그렇게 내려다보노라니 이런 생각이 들었습니다. '왜 저렇게 복잡하게 살까?' '왜 저렇게 용쓰며 살까?' '좀 큰마음으로, 넓은 마음으로 살면 좋을 텐데…'

봉우리에 오르기 전에는 생각지도 못한 것을 생각하게 되었습니다.

아마도, 즐겨 산에 오르는 분들은 이 맛에 산을 오르는 것이 아닐까요?

8. 유머의 대가는 정상에 오르는 기쁨을 안다

생각 나누기

1. 생각지도 못했던 것을 생각하게 된 이유는 무엇입니까?

2. 높은 산 정상에 올라본 적이 있다면 그 때의 소감을 나눠보세요.

G-Teens 생각

정상에 오르는 기쁨을 아는 사람이 유머의 대가가 될 수 있습니다.

믿음 찾기

먼저 빌립보서 3:12~16절을 읽고 본문의 내용을 정리해 보세요.

■ 정상에 오르는 기쁨을 아는 유머의 대가 I

우리가 어떻게 정상에 오르는 기쁨을 알 수 있을까요?

빌 3:12 내가 이미 얻었다 함도 아니요 온전히 이루었다 함도 아니라 오직 내가 그리스도 예수께 잡힌바 된 그것을 잡으려고 좇아가노라

거룩한 (   )을 가져야 합니다.

G-Teens 생각

미국의 유명한 강해 설교가인 W. Wiersbie는 이 본문을 이렇게 말합니다. 『거룩한 불만족은 영적 성숙을 위한 필수 요소입니다』 (A divine dissatisfaction is essential for spiritual progress) 무슨 말입니까? 거룩한 불만족을 가져야 성장할 수 있고 정상에 이를 수 있다는 것입니다. 정상에 오르는 기쁨을 누리는 사람들을 보면 공통점이 있습니다. 자신의 결점에 대하여 정직하고, 그리고 자신의 성숙을 위해 부단히 애쓴다는 것입니다. 다시 말해서 거룩한 불만족을 갖고 있다는 말입니다. 오늘 본문의 바울이 그랬습니다. 그는 굉장한 일을 한 사람이었습니다. 하지만 그는 자기의 성숙 수준을 '다른 사람'과 비교하는 대신

에, '예수 그리스도'와 비교하여 자신의 계속적인 진보를 힘쓰고 있습니다. 거룩한 불만족을 가진 것입니다.

 G-Teens 믿음

거룩한 불만족을 가질 때 정상에 오르는 기쁨을 알게 됩니다.

■ 정상에 오르는 기쁨을 아는 유머의 대가 II
우리가 어떻게 정상에 오르는 기쁨을 알 수 있을까요?

빌 3:13 형제들아 나는 아직 내가 잡은 줄로 여기지 아니하고 오직 한 일 즉 뒤에 있는 것은 잊어버리고 앞에 있는 것을 잡으려고

(   )의 것은 잊어버려야 합니다.

 G-Teens 생각

우리의 삶에 있어서 영원히 돌아올 수 없는 것 세 가지가 있다고 합니다. 첫째는 과녁을 향해 쏘아버린 화살, 둘째는 급하게 내뱉은 말, 셋째는 황금 같은 시간입니다. 한 마디로 과거는 이미 지나가 버린 것이란 말입니다. 그러기에 정상을 향해 나갈 때 뒤를 돌아보아서는 안 됩니다. 달리기 하는 선수가 뒤를 돌아보면서 달려가는 것 보았습니까? 바울이 그랬습니다. 바울은 철저한 미래지향주의자였습니다. 그의 눈은 과거가 아닌 미래에 초점이 맞춰져 있었습니다. 그래서 뒤에 것은 잊어버린다고 고백하고 있는 것입니다. 과거의 실수는 물론 과거의 모든 성취도 다 잊어버린다는 말입니다. 그런데 혹시 과거의 성취나 실패에 메여 사는 친구들은 없습니까? '내가 초등학교 때는 공부 잘했는데…'라는 생각이나 '나는 안돼! 나는 안 바뀌어, 나는 틀렸어, 나은 여러 번 해보았으나 개선이 안돼.'라는 생각을 하며 여전히 과거에 얽매어 살고 있는 분은 안 계십니까? 안 계시다구요. 잘 하셨습니다. 과거는 과거일 뿐 미래를 바라보며 오늘을 살아가는 우리에게 더 이상 추억거리가 아닌 것입니다.

 G-Teens 믿음

과거의 것을 잊어버릴 때 정상에 오르는 기쁨을 알게 됩니다.

■ 정상에 오르는 기쁨을 아는 유머의 대가 III
우리가 어떻게 정상에 오르는 기쁨을 알 수 있을까요?

빌 3:14 푯대를 향하여 그리스도 예수 안에서 하나님이 위에서 부르신 부름의 상을 위하여 좇아가노라

(   ) 목표를 향하여 나아가야 합니다.

G-Teens 생각

성경을 통해서 위대한 사람들의 공통점 하나를 정의해본다면, 그들은 하나같이 '위를 바라보는 사람들'입니다. 믿음의 거인들은 옆을 보는 대신에, 위를 바라보며 살았습니다. 다시 말하면 차원 높은 목표를 가지고 있었다는 말입니다. 바울이 바로 그런 사람이었습니다. 그는 누구라도 부러워할 수 있는 일을 했으면서도 안주하지 않고 다시 한 번 위에 있는 목표를 세웠습니다. 그리고 그곳을 향해 뒤돌아보지 않고 나갔습니다. 흔들림 없이 나갔습니다. 그리고 마침내 끝까지 달려갔습니다. 그래서 죽기 전 로마 감옥에서 썼던 디모데후서 4장 7~8절에서는 그는 이런 고백을 할 수 있었습니다. "나는 선한 싸움을 다 싸우고, 달려갈 길을 마치고, 믿음을 지켰습니다. 이제는 나를 위하여 의의 면류관이 예비 되어 있으므로, 의로운 재판장이신 주님께서 그 날에 그것을 나에게 주실 것이며, 나에게만 아니라 주님께서 나타나시기를 사모하는 모든 사람에게도 주실 것입니다." 그렇습니다. 목표가 분명한 사람은 상황에 흔들리지 않습니다. 정상에 오르는 기쁨을 누리기 전까지 요동하지 않습니다. 인생의 어떤 악천후에서도 꿋꿋하게 나가는 것입니다. 그래서 어떤 사람은 말하기를 "위대한 사람들은 목표의식이 분명한 보통 사람들에 불과하다."라고 말했습니다. 그렇다면 사랑하는 여러분, 목표의식이 분명한 보통 사람으로 살아 정상에 오르는 기쁨을 누리는 위대한 인생이 되시지 않으시겠습니까?

 G-Teens 믿음

차원 높은 목표를 향해 나갈 때 정상에 오르는 기쁨을 알게 됩니다.

 생활 적용하기

1. 정상에 오르는 기쁨을 아는 세 가지 비결은 무엇인가요?

2. 잃어버려야 할 뒤에 것은 어떤 것들이 있는 지 적어보고 옆 사람과 나눠 보세요.

3. 주님의 정상에 오르기 위해서 앞으로 학창시절을 어떻게 보낼 것인지 계획하고 그 목표를 위해 서로 중보기도 해 보세요.

 G-Teens 암송 | 빌립보서 3:12~14

정상을 향하여 가는 기쁨

엔리코 카루소가 테너 가수로 세계적인 명성을 날리고 있을 때,
한 번은 자선 음악회에 출연하게 되었습니다.
자선 음악회임을 감안하여 주최 측은 카루소에게 말했습니다.

"이것은 자선 음악회입니다. 선생님의 명성 때문에 많은 군중이 모일 것입니다.
선생님께서는 부담 없이 편하게 노래하십시오. 특별한 기법이 없어도 됩니다."

그러자 카루소는 몸을 일으키며 진지하게 말했습니다.

"저는 최선 이하로 노래한 적이 없습니다."

그렇습니다. 정상에 서 있는 가수는 대충 노래하지 않습니다. 항상 최고의 노래를
부릅니다. 이 시대, 진정한 유머의 대가가 바로 그런 사람입니다. 그에게는 항상
거룩한 불만족이 있습니다. 대충대충 하는 일이 없습니다. 다른 사람이 가진 것과
는 다른 차원 높은 목표를 향하여 날마다 나아가기 때문입니다. 바로 정상에 오르
는 기쁨입니다.
당신은 지금, 하나님이 부르신 부름의 상 – 정상을 향하여 나아가고 있습니까?

9. 유머의 대가는 세상에 사는 천국 시민이다

G-Teens 이야기 중학교 3학년인 인식이는 훌륭한 의사가 되고 싶습니다. 돈 많이 벌고, 사회적으로 인정받는 그런 의사가 아닌 허준 같은 의사가 되고 싶은 것입니다. 그래서 인식이의 책꽂이에는 '동의보감', '허준 전기', '드라마 허준 OST' 등 허준에 관련된 자료들이 항상 가지런히 꽂혀있습니다. 그 뿐만이 아닙니다. '슈바이쳐 전기', 국제 사랑의 봉사단에서 펴낸 자료들도 모아져 있었습니다. 시간을 내어 그것들을 들춰보고 마음에 새깁니다. 그리고 성경을 읽을 때면, 특히 예수님이 병자들을 고치신 기사를 읽으며 예수님 같은 의사가 되고 싶다고 생각합니다. 그러면서 나중에 훌륭한 의사가 되어 있을 자신의 모습을 그려봅니다. 아프리카에서, 인도네시아에서, 태국의 오지마을에서 아픈 사람들을 치료해주고, 복음을 전할 의료선교사로서의 삶을 상상하는 것입니다. 인식이는 이미 그곳에 가 있는 것 같습니다.

그리스도인은 세상에 사는 천국 시민입니다. 인식이가 지금은 한국에 살지만, 나중에는 전 세계, 섬김의 현장으로 갈 것을 준비하는 것처럼, 그리스도인은 세상에 살면서 천국에서의 삶을 준비하며 삽니다. 그래서 세상에 살지만, 천국에서의 삶을 생각합니다. 천국에서 필요한 성품을 준비하고, 천국에서 필요한 사랑을 준비하며 살아갑니다.

9. 유머의 대가는 세상에 사는 천국 시민이다

 생각 나누기

1. 인식이가 허준에 관련된 책을 읽는 이유는 무엇입니까?

2. 나는 미래의 삶을 위해 무엇을 준비하고 있나요?
   천국을 위해서는 무엇을 준비하고 있나요?

 G-TeenS 생각

세상에서 천국 시민으로 사는 사람이 유머의 대가가 될 수 있습니다.

 믿음 찾기

먼저 빌립보서 3:17~21절을 읽고 본문의 내용을 정리해 보세요.

■ 세상에서 천국 시민으로 사는 유머의 대가 Ⅰ
우리가 어떻게 이 세상에서 천국 시민으로 살 수 있을까요?
빌 3:19 저희의 마침은 멸망이요 저희의 신은 배요 그 영광은 저희의 부끄러움에
있고 땅의 일을 생각하는 자라
(   )을 본받지 말아야 합니다.

 G-TeenS 생각

사람들은 세상에 기쁨이 있다고 생각합니다. 그래서 육체의 욕망과 쾌락을 즐기며 살기 위해 모든 시간과 에너지를 다 사용합니다. 음란 사이트를 뒤적거리는 것이나 술과 담배에 중독되어 사는 것이나. 친구들끼리 하지 말아야 할 짓들을 하는 것은 다 쾌락을 추구하기 때문입니다. 그러나 천국시민인 그리스도인은 그렇게 살지 않습니다. 세상을 본받으며 살지 않는다는 것입니다. 왜요? 세상을 본받으며 살아가는 것은 참 기쁨도 행복도 아닌 멸망의 길이기 때문입니다. 겉으로 보기에는 그것이 기쁘고 즐거운 일 같지만 그렇지 않다는 것을 알고 있기 때문에 세상을 따라가지 않습니다. 하지만 안타깝게도 그리스도인들 중에 어떤

친구들은 육체가 원하는 필이 꽂히면 사랑이라고 생각하고 무분별하게 음란한 짓을 행하며 세상의 메이커와 명품을 갖고 싶어 안달이 나 있습니다. 수치스러운 일을 하고 자랑합니다. 술을 먹고 와서 자랑합니다. 여자 친구와 하지 말아야 할 짓을 하고 와서 자랑합니다. 교회를 다니면서도 하나님의 일에는 관심이 없고 오직 세상의 일에만 관심이 있습니다. 빨리 돌아서야 합니다. 세상을 따라가서는 천국 시민으로 사는 기쁨을 누릴 수가 없기 때문입니다.

 G-TeenS 믿음

세상을 본받지 않는 사람이 천국 시민의 기쁨을 누릴 수 있습니다.

■ 천국 시민으로 사는 유머의 대가 II

우리가 어떻게 이 세상에서 천국 시민으로 살 수 있을까요?

빌 3:17 형제들아 너희는 함께 나를 본 받으라 또 우리로 본을 삼은 것같이 그대로 행하는 자들을 보이라

(   )를 본 받아야 합니다.

 G-TeenS 생각

천국 시민으로 산다는 것은 세상을 따라가지 않는 것입니다. 세상을 모방하면서 그들의 흉내를 내면서 사는 것이 아닙니다. 거기엔 기쁨도 유머도 없습니다. 세상이 사용하는 유머는 쓰레기입니다. 진정한 기쁨이 아닙니다. 그러기에 세상을 본받아서는 안 됩니다. 그러나 그 정도로는 천국 시민의 기쁨을 온전히 누릴 수 없습니다. 그렇다면 어떻게 해야 할까요? 그리스도를 본받아야 합니다. 그리스도를 본받아 살 때 세상이 줄 수 없는 기쁨을 알게 됩니다. 세상에서 누려보지 못한 영적인 기쁨이 올라옵니다. 그래서 바울은 빌립보 교인들을 향하여 세상의 것에 현혹되지 말고 그리스도를 본받아 살려는 자신처럼 그리스도를 닮아가는 삶을 살라고 간절히 전하고 있는 것입니다. 그저 교회 생활에 익숙한 사람이 아니라 그리스도의 인격과 행동을 닮아 가는 사람이 되라는 것입니다. 교회에 다니면서 나머지 6일간 세상속에 빠져 살지 말고 세상에서도 그리스도를 나타낼 수 있도록 주님을 닮아가라는 것입니다. 그렇게 주님을 닮아갈 때 우리는 천국 시민만이 누릴 수 있는 기쁨을 누릴 수 있을 것입니다.

 G-TeenS 믿음

그리스도를 본받는 사람이 천국 시민의 기쁨을 누릴 수 있습니다.

■ 천국 시민으로 사는 유머의 대가 III

우리가 어떻게 이 세상에서 천국 시민으로 살 수 있을까요?

빌 3:20 오직 우리의 시민권은 하늘에 있는지라 거기로서 구원하는 자 곧 주 예수 그리스도를 기다리노니

(   )이 분명해야 합니다.

G-Teens 생각

바울은 왜 빌립보 교인들을 걱정하고 있는 것일까요? 예수님을 믿고 천국 시민이 된 빌립보 교인들이 당연히 세상에 빠지지 않고 천국 시민답게 주님을 닮아가려고 노력하며 살아갈 텐데 왜 그들을 염려하고 있는 것일까요? 세상이 그렇게 호락호락 하지 않기 때문입니다. 세상은 휘황찬란하게 꾸며져 있습니다. 우리 눈에 보기에 좋아 보이는 것과 즐겁고 행복하게 해 줄 수 있어 보이는 것으로 가득하다는 것입니다. 깨어있지 않으면 어느 새 천국 시민이라는 사실을 잊고 세상에 동화되어 살아가게 됩니다. 그래서 바울은 천국시민으로서의 신분의식을 분명히 가지라고 강한 어조로 말하고 있는 것입니다. 그는 이렇게 외치고 있습니다."오직 우리의 시민권은 하늘에 있습니다. 우리는 예수님을 기다리는 사람들이 아닙니까? 만물을 다스리시는 주님께서 우리를 변화시킬 것을 생각해 보십시오." 그렇습니다. 우리는 이 땅에서 나그네입니다. 우리의 나라는 천국입니다. 그러기에 이 땅에서 잠깐의 즐거움을 주는 것에 빠져 천국시민의 기쁨을 누리지 못하는 일이 있어서는 안 됩니다. 하늘의 시민권을 얻을 수 없었던 우리를 위해 십자가에 못 박혀 죽으신 주님을 믿음으로 시민권을 얻었다면 세상의 즐거움을 포기하고 주님을 닮아가는 천국의 기쁨을 누리며 살아야 하는 것입니다.

G-Teens 믿음

천국 시민의식이 분명한 사람이 천국 시민의 기쁨을 누릴 수 있습니다.

생활 적용하기

1. 세상에서 천국 시민으로 사는 유머의 대가가 되는 세 가지 비결은 무엇인가요?

2. 본받지 말아야 할 세상의 모습은 어떤 것이 있는 지 적어보고 자신에게 있는 잘못된 부분을 자백하세요.

3. 우리가 닮아야할 그리스도의 모습과 인격을 생각하면서 그분을 닮기 위해 우리가 할 수 있는 영적 훈련이 어떤 것이 있는 지 나눠 보세요.

G-Teens 암송 | 빌립보서 3:20~21

나는 전도사 검사

나름대로 한때 수사검사로 날리기도 했던 한 검사님이 있었습니다. 하지만 요즘은 한직에 한직을 맴도는 신세가 되었습니다. 드러내놓고 전도하는 그의 행보로 인해 '왕따'를 당하고 있기 때문입니다.

너무 열심히 전도하는 검사님을 보고 주위에서는 이렇게 핀잔을 줍니다.
"아예 개업을 하지 그러냐?"

그러면 대답이 걸작입니다.
"나 아직 검찰에서 할 일이 있습니다."

하나님으로부터 받은 검찰 복음화의 소명을 받들어야 한다는 것입니다.

아직까지 폭탄주가 만연하고 고사 지내는 것이 상례인 검찰 사회에서 전도 사명을 감당하겠다는 것이 어쩌면 이란격석(以卵擊石), '달걀로 바위치기' 격이라 여기며 아예 포기할 만도 한데, 이 검사님은 계속 바위를 치고 있습니다. 자신은 그냥 검사가 아닌 '천국의 검사', '전도사 검사'임을 잘 알기 때문입니다.

그렇게 지난 몇 년 동안 전도한 영혼의 수가 무려 1600여명. 때로 멸시와 천대를 받아도, 아니 계속해서 멸시와 천대를 받는다 하더라도 올곧게 복음을 전하는 그는 진정, 천국시민이며, 유머의 대가입니다.

10. 유머의 대가는 화해를 잘 한다

다시 친해지고 싶어요.

OOO 포털 사이트 게시판에 이런 글이 올라 왔습니다.

안녕하세요. 전 초등학교 6학년, 여학생입니다. 친구와 다툼은 초등학생들의 일상이라고도 하죠. 하지만 너무 고민이 되서 올려봅니다. 이틀 전에, 친구가 청소에 걸려서 제가 1시간 30분 동안 밖에서 기다렸습니다. 근데 제가 요새 사춘기라… 그 친구가 나올 때 웃으면서 다른 친구와 나오는 걸 보고 화가 나서 그 친구에게 일방적으로 화를 냈습니다. 그 친구는 미안하다고 하고, 전 그 사과를 받아드리지 않았습니다. 그 다음날, 저희 둘은 그냥 아무 일 없었다는 듯이 친해졌습니다. 그런데 그 친구의 행동이 점점 변해갔습니다. 그 친구는 저한테 잘해주고, 어깨동무나 팔짱끼는 것도 잘하고, 저한테 욕도 안하는 친구였거든요.

그런데 오늘 그 친구는 저는 무시하고, 욕을 했어요. 모르는 사람처럼 절 무시하는 거예요. 그래서 전 그래도 좀 가까워지려고 막 오버도 하고 그랬습니다. 하지만 그 친구는 욕만 하더군요. 저도 화가 나서 '너 나 무시하잖아? 화난 것도 아니면서 왜 무시하는데?' 라고 했습니다.

하지만 답이 없었습니다.

어떻게 해야 전처럼 친해질 수 있을까요? 제가 화낸 것이 후회되고 바보 같습니다.

10. 유머의 대가는 화해를 잘 한다

생각 나누기

1. 어떻게 하면 다시 친해질 수 있을까요?

2. 나는 화해를 잘 하는 사람인지 서로 나눠보세요.

G-Teens 생각

화해를 잘 하는 사람이 유머의 대가가 될 수 있습니다.

믿음 찾기

먼저 빌립보서 4:1~3절을 읽고 본문의 내용을 정리해 보세요.

■ 화해를 잘 하는 유머의 대가 Ⅰ

우리가 왜 화해하며 사는 유머의 대가가 되어야 하는 것일까요?

빌 4:1 그러므로 나의 사랑하고 사모하는 형제들, 나의 기쁨이요 면류관인 사랑하는 자들아 이와 같이 주 안에서 서라

주님의 (   )을 따르는 그리스도인이기 때문입니다.

G-Teens 생각

유머는 사람을 웃게 하고 굳어진 인간관계를 부드럽게 만듭니다. 어색한 분위기 속에서도 유머를 잘 사용하면 금방 분위기가 좋아지지 않습니까? 그러기에 유머의 대가는 다툼과 오해로 벌어진 인간관계를 회복시킬 수 있습니다. 그런 의미에서 그리스도인들은 화해를 잘 할 수 있는 유머의 대가들이 되어야 합니다. 하지만 세상 사람들이 그리스도인들을 비난하는 말이 있습니다. 그것은 한번 틀어지면 화해를 잘 안 한다는 것입니다. 왜 그럴까요? 그 만큼 받은 상처가 크고 자존심이 상했기 때문입니다. 하지만 성경은 우리가 다투고 화해하지 않는 것은 자신의 욕심과 정욕 때문이라고 말씀하고 있습니다. 그래서 오늘 본문은 바울을 통하여

"주님 안에 서라"고 명령하고 있는 것입니다. "주 안에 서라"는 이 말씀은 현재 능동태 명령법입니다. 이 말은 "굳게 서라"라는 의미인데 전쟁에 임하는 병사들에게 쓰던 명령입니다. 무슨 말입니까? 주님께서 마치 병사들에게 명령하듯이 강하게 요구하고 계신다는 말입니다. 그 요구가 무엇입니까? 2절에 보니까 "같은 마음", 다시 말해서 "화해하라"는 것입니다. 그렇습니다. 그리스도인들에게 화해는 선택이 아니라 명령입니다. 무조건 화해해야 하는 것입니다.

 G-Teens 믿음

주님의 명령을 따르는 그리스도인은 화해를 잘합니다.

■ 화해를 잘 하는 유머의 대가 II

우리가 왜 화해하며 사는 유머의 대가가 되어야 하는 것일까요?

빌 4:3 또 참으로 나와 멍에를 같이한 자 네게 구하노니 복음에 나와 함께 힘쓰던 저 부녀들을 돕고 또한 글레멘드와 그 외에 나의 동역자들을 도우라 그 이름들이 생명책에 있느니라

복음을 위해 함께 수고한 (   )이기 때문입니다.

 G-Teens 생각

세상에서 흔히 하는 말로 '아이들은 싸우면서 큰다.' 뭐 이런 말이 있습니다. 그래서 그런지 요즘 친구들을 보면 참 잘 싸웁니다. 맘에 들지 않으면 아무리 친했던 친구라 할지라도 왕따를 시킵니다. 그것을 보면서 세 가지 깨달은 것이 있습니다. 첫째는 아무리 친해도 싸울 수 있다는 것이고 둘째는 싸우는 순간에는 그들이 함께 수고하고 어울린 시간이 더 많다는 사실을 잊어버린다는 것이고 셋째는 그들이 친구라는 사실을 잊어버린다는 것이었습니다. 빌립보 성도들이 그랬습니다. 그들은 복음을 위하여 함께 수고한 사람들이자 생명책에 이름이 기록된 동역자였습니다. 특히, 유오디아와 순두게는 더욱 마음을 합쳐 복음을 위해 수고했던 사람들이었습니다. 함께 수고의 땀을 흘리면서 서로가 얼마나 소중했을까요? 그러나 그들은 지금 함께 땀 흘린 동역자라는 사실을 잊은 채 하나 되지 못하고 마음이 나누어진 것입니다. 그래서 바울은 그들이 복음을 위해 함께 수고한 사람들이란 사실을 상기시켜주고 있는 것입니다. 그렇습니다. 함께 수고하다보면 다툴 수 있습니다. 갈등할 수 있습니다. 그러나 다툼으로 인해 오랫동안 사이가 벌어져서는 안 됩니다. 함께 수고한 믿음의 동역자들이기 때문입니다.

 G-Teens 믿음

복음을 위해 함께 수고한 동역자들은 화해를 잘합니다.

■ 화해를 잘 하는 유머의 대가 III

우리가 왜 화해하며 사는 유머의 대가가 되어야 하는 것일까요?

빌 4:3 또 참으로 나와 멍에를 같이한 자 네게 구하노니 복음에 나와 함께 힘쓰던 저 부녀들을 돕고 또한 글레멘드와 그 외에 나의 동역자들을 도우라 그 이름들이 생명책에 있느니라

하나님 아버지를 믿는 믿음의 (   )이기 때문입니다.

 G-Teens 믿음

바울은 화해하지 못하는 유오디아와 순두게를 하나 되게 하기 위해 빌립보에 있는 신실한 사람들에게 중재를 부탁합니다. 그 중재요청을 받은 빌립보 교인들 중에는 이렇게 생각한 사람도 있지 않을까요? '그냥 놔둬요. 서로 안 맞는 모양인데 어떻게 하겠습니까?' 그러나 바울은 그냥 놔둘 수가 없었습니다. 나누어진 채로 방치할 수 없었습니다. 왜요? 그들 모두 그 이름이 생명책에 기록되어 있는 믿음의 가족이기 때문입니다. 그렇습니다. 우리가 교회 안에서 함께 믿음 생활을 하는 친구들과 화해하지 않을 수 없는 것은 우리가 가족이기 때문입니다. 생각해 보세요. 여러분이 집에서 형제들과 싸우면 부모님들이 뭐라고 말씀하십니까? "형제들끼리 왜 싸워, 너희가 남이냐?" 이렇게 말씀하시지 않으십니까? 무슨 말이에요? 가족끼리는 서로 보듬고 사랑해야 할 존재이지 싸워야 할 적이 아니라는 말입니다. 그렇습니다. 다른 사람들과 다툴 때도 주님의 명령을 따라 화해해야 하지만 함께 믿음 생활을 하는 친구들과는 더욱 화해해야 합니다. 그럴 때 우리는 진정한 유머의 대가가 될 수 있을 것입니다.

 G-Teens 생각

하나님 아버지를 믿는 믿음의 가족은 화해를 잘합니다.

 생활 적용하기

1. 화해를 잘 하는 유머의 대가가 되는 세 가지 비결은 무엇인가요?

2. 지금 당신과 화해를 하지 못한 채 지내고 있는 친구가 있습니까? 있다면 어떻게 화해할 것인지 방법을 찾아 실천해 보세요.

3. 주변에 화해하지 못한 채 사이가 갈라진 친구들이 있습니까? 어떻게 중간 역할을 해서 화해시킬 수 있는지 방법을 찾아 실천해 보세요.

 G-Teens 암송 | 빌립보서 4:1

세코이아나무의 교훈

미국의 서부 고지대에 있는 세코이아공원은 항상 강풍이 몰아칩니다. 그런데 이곳에서 자라는 세코이아나무는 아무리 바람이 거세게 불어도 끄떡하지 않습니다. 다른 나무들은 강풍을 견디지 못하고 넘어지거나 뿌리 채 뽑히는 일이 허다했지만, 유독 세코이아나무만큼은 달랐습니다. 그래서 식물학자들이 이 나무를 연구했습니다. 연구해보니 학자들의 예상과는 달리, 세코이아나무들은 땅에 얕게 뿌리를 내리고 있었습니다. 그러나 나무의 뿌리들끼리 흙 속에서 뒤엉켜 서로를 지탱해 주고 있었으며, 또한 울창한 숲을 만들어 바람을 막아주고 있었습니다. 이것이 바로 세코이아나무가 고지대의 강풍을 이겨낸 비결이었습니다.

그렇습니다. 복음의 동역자들인 우리는 세코이아나무와 같습니다. 서로 엉켜있어서 때로는 성가실 때도, 보고 싶지 않은 일을 봐야할 때도 있습니다. 그러나 그렇게 서로를 지탱해주기에 서로를 지켜줄 수 있는 것입니다. 그러므로 그리스도인들의 화해는 '매가패스' 보다 빨라야 합니다. 그래야만 진정한 유머의 대가가 될 수 있기 때문입니다.

11. 유머의 대가는 평강을 누린다

G-Teens 이야기 웃음을 잃어버린 희극배우

한 청년이 우울증을 호소하며 정신병원을 찾아왔습니다. 의사가 여러 얘기를 하다가 이런 권면을 했습니다.

"그렇게 방 안에만 계시지 말고 밖에도 나가시고 유명한 희극 배우, 그리말디라는 희극 배우 아시지요? 그 사람의 쇼를 보십시오. 기분이 한결 나아질 것입니다. 인생이 달리 보일 것입니다."

의사의 말에 청년은 아무 대답을 하지 않았습니다. 조용히 병원을 나서면서 이렇게 중얼거렸다고 합니다.

"내가 그리말디인데…"

무대 위에서는 사람들을 그렇게 웃기는 사람, 기쁨의 사람이었지만, 실제로는 그렇지 않았던 것입니다.

54

11. 유머의 대가는 평강을 누린다

 생각 나누기

1. 개콘이나 웃찾사에 나오는 개그맨들도 우울증에 걸릴 수 있다고 생각하시나요?

2. 항상 평안한 마음을 유지하는 자신만의 노하우가 있다면 함께 나눠보세요.

 G-Teens 생각

평강을 누리는 사람이 유머의 대가가 될 수 있습니다.

 믿음 찾기

먼저 빌립보서 4:4~9을 읽고 본문의 내용을 정리해 보세요.

■ 평강을 누리는 유머의 대가 I
우리가 어떻게 평강을 누리는 유머의 대가가 될 수 있을까요?
빌 4:5 너희 관용을 모든 사람에게 알게 하라 주께서 가까우시니라
사람들에게 (   )을 베풀어야 합니다.

 G-Teens 생각

벵겔은 '평강은 기쁨의 반려가 된다.'라는 유명한 말을 했습니다. 무슨 말입니까? 평강과 기쁨은 '동전의 앞뒷면과 같다'는 말입니다. 그렇습니다. 평강이 있으면 기쁨이 있고 기쁨이 있으면 평강이 있습니다. 그런데 사람들의 마음에 평강이 없습니다. 그래서 기쁨도 사라집니다. 왜 그럴까요? 사람들과의 관계 속에서 갈등과 다툼이 있기 때문입니다. 그렇다면 우리가 어떻게 평강을 누리는 유머의 대가가 될 수 있는 것일까요? 사람들에게 관용을 베풀며 살아야 합니다. 하나님이 주시는 평안인 평강은 자기중심적인 사람에겐 주어지지 않습니다. 다른 사람에게 관용을 베푸는 사람에게만 주어집니다. 그러나 요즘 친구들은 관용을 베푸는 것에 인색합니다. 날카롭게 비판할 줄은 알지만 다른 사람의 허물을 용서하고 받아주

는 것을 잘 하지 못합니다. 그래서 친구들과 지내다가도 다투게 되고 나누어지게 되고 결국 평안과 기쁨을 잃어버리게 되는 것입니다. 그러기에 세상의 일시적인 평안이 아닌 마음 깊은 곳에 하나님이 주시는 평안을 누리고 싶다면 관용하는 삶을 살아야 합니다.

 G-Teens 믿음

사람들에게 관용을 베푸는 사람이 평강을 누립니다.

■ 평강을 누리는 유머의 대가 II

우리가 어떻게 평강을 누리는 유머의 대가가 될 수 있을까요?

빌 4:6 아무것도 염려하지 말고 오직 모든 일에 기도와 간구로 너희 구할 것을 감사함으로 하나님께 아뢰라

하나님께 (　　　) 합니다.

 G-Teens 생각

하나님이 주시는 평강이 깨지는 첫 번째 이유가 사람들 사이의 갈등과 다툼이라면 두 번째 원인은 염려입니다. 그렇다면 왜 염려하는 것일까요? 사람들은 상황이 어렵고 힘들기 때문이라고 생각합니다. 미래의 전망이 어둡기 때문이라고 말합니다. 하지만 아닙니다. 사람들이 염려하는 것은 하나님의 인도하심과 보호하심에 대한 의심 때문입니다. 하나님을 신뢰하지 못하고 세상을 바라보기 때문입니다. 그러기에 하나님이 주시는 평강을 깨뜨리는 염려를 극복하기 위해서는 신뢰를 가지고 하나님 앞에 나가야 합니다. 그래서 바울은 평강을 얻으려면 "아무것도 염려하지 말고 오직 모든 일에 기도와 간구로 너희 구할 것을 감사함으로 하나님께 아뢰라"고 우리에게 권면하고 있는 것입니다. 여러분 기억하십시오. 살아가면서 어려움을 세상에서 찾을 때 염려로 인해 평강이 깨지지만 어려움을 하나님께 기도와 간구로 아뢸 때 세상이 알 수 없는 평강이 찾아올 것입니다.

 G-Teens 믿음

하나님께 구하는 사람이 평강을 누립니다.

■ 평강을 누리는 유머의 대가 III

우리가 어떻게 평강을 누리는 유머의 대가가 될 수 있을까요?

빌 4:9 너희는 내게 배우고 받고 듣고 본 바를 행하라 그리하면 평강의 하나님이 너희와 함께 계시리라

배운 대로 (　　　) 합니다.

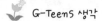
G-Teens 생각

혹시 여러분, 평강을 누리는 비결이 관용을 베푸는 것과 기도와 간구로 하나님께 구하는 것이라는 말씀을 들을 때 어떤 생각이 드십니까? 혹시 '그거 다 아는 얘긴데 또 뻔한 말을 하네'라는 생각은 안 드셨습니까? 그런데 왜 평강이 찾아오지 않는 것일까요? 다 알고 있는 데 사람들과의 관계를 잘 가질 수 있도록 관용을 베푸는 것도 알고 어려운 문제와 시험을 만날 때 기도와 간구로 하나님께 나가는 것도 잘 알고 있는 데 왜 우리에게는 평강이 찾아오지 않는 것일까요? 배운 대로 행하지 않았기 때문입니다. 말씀에 대한 지적인 동의만 이루어졌지 그 말씀을 배운 대로 믿고 행하지 않았기 때문에 평강이 우리의 삶속에서 이루어지지 않고 있는 것입니다. 그래서 바울은 평강을 얻는 두 가지 비결을 제시하고 나서 믿음의 사람들이 가져야 할 여러 가지 목록들을 열거한 후에 배운 대로 행하라고 강력히 요청하고 있는 것입니다. 그렇습니다. 하나님이 주시는 평강을 누리려면 무엇보다도 배운 대로 행하고자 하는 결단이 있어야 합니다. 세상이 알 수 없는 평강을 누릴 수 있는 사람은 많이 배운 사람이 아니라 배운 대로 행하는 사람이기 때문입니다. 평강의 비결에 대해 많이 알고 있는 사람이 아니라 한 가지 비결이라도 오늘 실천하는 사람, 바로 그 사람이 하나님이 주시는 평강으로 인해 기쁨을 누리게 될 것입니다.

G-Teens 믿음

배운 대로 행하는 사람이 평강을 누립니다.

생활 적용하기

1. 평강을 누리는 유머의 대가가 되는 세 가지 비결은 무엇인가요?

2. 당신의 삶 속에서 관용을 베풀어야 할 사람들은 없습니까? 있다면 그 사람에게 관용을 베푸세요.

3. 당신의 삶 속에서 하나님께 간절히 구해야할 기도제목이 있다면 옆 사람과 나누고 중보기도 해 보세요.

G-Teens 암송 | 빌립보서 4:9

관용의 차이

시어머니가 밥을 안치고 며느리에게 불을 때라고 일렀습니다.
갓 시집온 며느리는 밥 짓는 경험이 없는 터라 밥물이 넘치는 줄도 모르고 계속 불을 때다가 밥은 타고 솥은 금이 가고 말았습니다.

놀란 며느리가 전전긍긍하고 있자 시어머니는
"내가 물을 너무 적게 부어서 그렇게 됐다"며 며느리를 위로했고,
시아버지는 "내가 부엌에 땔감을 너무 많이 들여서 그랬다."라고 했으며,
신랑은 "제가 너무 물을 적게 길어 와서 그렇게 됐다."라고 말했습니다.

길 건너에는 술집이 있었습니다.
그 집에서도 새 며느리에게 불을 때라고 했고 역시 밥은 타고 솥은 깨졌다.

화가 난 시어머니가 욕설을 퍼붓고 구박을 하자 며느리는 일부러 그랬느냐며 대들었고, 시아버지는 어디서 말대꾸냐며 호통을 쳤으며, 이를 지켜보던 신랑이 손찌검을 하자 새댁은 죽이라며 대들었습니다.

이 두 가정의 차이는 관용의 차이입니다. 관용이 없는 가정에 평강이 있을 리가 만무합니다. 여러분의 삶에는 하나님께서 가르쳐주신 관용이 있습니까? 만약, 관용이 발견되지 않는다면 지금 즉시, 하나님께 구하십시오.

12. 유머의 대가는 기쁨을 나눈다

1% 나눔 운동

신체의 절반밖에 쓰지 못하는 장애우가 있습니다. 누군가의 도움 없이는 단 하루를 보내는 것조차 힘겨워 보이지만 정부에서 받는 보조금을 기꺼이 나누고 있습니다.

구두를 닦으며 간간히 삶을 이어가는 아저씨가 있습니다. 겨우 한 두 사람만이 허리를 구부리고 들어가야 하는 좁은 공간에서, 하루 종일 구두를 닦으며 번 돈으로 자신보다 어려운 이들을 돕고 있습니다.

아들을 잃은 슬픔을 딛고 세상을 떠난 아들의 이름으로 1%를 보내주는 아버지가 있는가 하면, 간판도 지붕도 없이 행상을 하는 노점상 아내와 목수 남편의 나눔의 가게가 있습니다.

이름만 들으면 누구나 알 수 있는 베스트셀러 작가의 인세 1%가 있는가 하면 성공한 CEO의 연봉 1%도 있습니다.

위의 내용은 '아름다운 재단'(http://www.beautifulfund.org)에서 벌이고 있는 '1% 나눔' 운동의 메시지입니다. 이 메시지를 통해 아름다운 재단은 '1% 나눔 운동에 참여하지 못할 사람이 없음'을 역설하고 있는 것입니다. 그래서 아름다운 재단은 다시 한 번 힘주어 말합니다.

"세상에 나눌 수 없는 것은 없습니다."

12. 유머의 대가는 기쁨을 나눈다

1. '세상에 나눌 수 없는 것은 없다.' 는 그 말이 옳다고 생각하십니까?

2. 하나님이 주신 기쁨을 다른 사람과 나눈 적이 있다면 함께 나누어 보세요.

 G-Teens 생각

기쁨을 나누는 사람이 유머의 대가가 될 수 있습니다.

믿음 찾기

먼저 빌립보서 4:10~23을 읽고 본문의 내용을 정리해 보세요.

■ 기쁨을 나누는 유머의 대가 |

우리가 어떻게 기쁨을 나누는 유머의 대가가 될 수 있을까요?

빌 4:10 내가 주 안에서 크게 기뻐함은 너희가 나를 생각하던 것이 이제 다시 싹이 남이니 너희가 또한 이를 위하여 생각은 하였으나 기회가 없었느니라

(   )을 베풀며 살아야 합니다.

 G-Teens 생각

유머의 대가는 한 마디로 기쁨을 나누어주는 사람이라고 할 수 있습니다. 그렇다면 어떻게 기쁨을 나누어 줄 수 있을까요? 인터넷에서 유머를 퍼 와서 사람들을 웃기면 기쁨이 나눠지는 것일까요? 네, 물론 그렇게 해도 기쁨이 있을 수 있습니다. 그러나 그 기쁨은 오래가지 않습니다. 유머의 대가인 그리스도인이 기쁨을 나눈다는 것은 그런 의미가 아닙니다. 그렇다면 우리가 어떻게 기쁨을 나누는 유머의 대가가 될 수 있을까요? 도움을 베풀며 사는 것입니다. 도움을 베풀며 살 때 개그 프로그램이나 썰렁한 유머에서 느낄 수 없는 기쁨을 나눌 수 있습니다. 바울은 지금 그런 기쁨을 나누어 받았습니다. 빌립보 성도들이 자신을 돕

는 아름다운 모습을 보면서 기쁨으로 가득하게 된 것입니다. 그래서 그는 고백합니다. "내가 주 안에서 크게 기뻐함은…" 무슨 말입니까? 빌립보 성도들의 도움으로 인해 기쁨이 배가되었다는 것입니다. 왜요? 그들의 아름다운 도움으로 기쁨을 더 나누어 받게 되었기 때문입니다. 그렇습니다. 슬픔을 나누면 반이 되지만 다른 사람들을 도우며 기쁨을 나누면 그 기쁨은 배가 되는 것입니다.

 G-Teens 믿음

도움을 베푸는 것이 기쁨을 나누는 것입니다.

■ 기쁨을 나누는 유머의 대가 II
우리가 어떻게 기쁨을 나누는 유머의 대가가 될 수 있을까요?
빌 4:14 그러나 너희가 내 괴로움에 함께 참예하였으니 잘 하였도다
도움에 대한 (   )를 표현해야 합니다.

 G-Teens 생각

누군가의 도움을 받으면 마음에 기쁨이 생깁니다. 도움을 나누어 받았기 때문입니다. 그러나 도움을 받은 사람도 도와준 사람에게 다시 기쁨을 나누어 줄 수 있습니다. 그것이 바로 감사입니다. 감사를 표현할 때 기쁨이 더욱 충만해지기 때문입니다. 그런데 문제는 많은 사람들이 기쁨을 받고 다시 나누어주지 못한다는 것입니다. 감사를 표현하지 않는 것입니다. 그러나 바울은 다시 기쁨을 되돌려 줄줄 아는 사람이었습니다. 빌립보 성도들에게 감사의 마음을 전한 것입니다. 그래서 그는 14절에서 이렇게 고백합니다. "그러나 너희가 내 괴로움에 함께 참예하였으니 잘하였도다" 이 말씀을 쉬운성경은 이렇게 번역하고 있습니다. "그러나 필요한 순간에 여러분이 도와주어 정말 고마웠습니다." 무슨 말입니까? 감사를 표현함으로 기쁨을 다시 나누는 것입니다. 생각해 보세요. 빌립보 교인들이 얼마나 기뻤겠습니까? 게다가 바울은 18절에서 빌립보 성도들이 바울에게 보낸 것이 하나님께 드려질 향기로운 제물이요 하나님을 기쁘시게 한 것이라고 그 가치를 평가했습니다. 빌립보 교인들은 아마 날아갈 듯 기뻤을 것입니다. 힘을 다해 드린 헌금이었지만 도리어 큰 기쁨이 그들의 마음에 생겨났을 것입니다. 그러기에 우리도 누군가의 도움을 받을 때 기쁨을 나누는 유머의 대가가 되고 싶다면 받은 것에 대한 감사를 표현하는 사람이 되어야 하는 것입니다.

 G-Teens 믿음

도움에 대한 감사를 표현하는 것이 기쁨을 나누는 것입니다.

■ 기쁨을 나누는 유머의 대가 III
우리가 어떻게 기쁨을 나누는 유머의 대가가 될 수 있을까요?

빌 4:12 내가 비천에 처할 줄도 알고 풍부에 처할 줄도 알아 모든 일에 배부르며 배고픔과 풍부와 궁핍에도 일체의 비결을 배웠노라

(   )하는 비결을 터득해야 합니다.

 G-Teens 생각

기쁨을 나눈 다는 것, 그것은 도움을 주고받은 도움에 감사하며 사는 것입니다. 그러나 자기 쓰기도 바쁜 데 어떻게 다른 사람들을 도와주며 살 수 있을까요? 또한 살다보며 느끼는 것은 사람들이 도움을 받아도 감사할 줄 모른다는 것입니다. 도움 받은 것을 쉽게 잊어버립니다. 도와준 사람에게 감사의 마음을 전하면 또 다시 기쁨을 더 큰 기쁨을 나눌 수 있는 데 그렇게 하지 않습니다. 그렇다면 어떻게 도움을 주는 인생, 또한 도움을 받았을 때 감사하는 기쁨의 생활을 살 수 있는 것일까요? 그것은 자족하는 비결을 터득하는 것입니다. 자족한다는 것이 무엇입니까? 그리스도가 주시는 은혜로 말미암아 만족하는 인생이 되었다는 것입니다. 다시 말해서 인생의 주가 되시는 그리스도 예수로 인해 부족함을 느끼지 못하며 살게 되었다는 것입니다. 그러나 많은 사람들이 자족하지 못합니다. 그래서 늘 부족을 느끼며 살아갑니다. 그러니 어떻게 다른 사람을 돕겠습니까? 아니 도움을 받아도 부족함을 느끼는 사람들이 어떻게 감사할 수 있겠습니까? 그러기에 주님의 능력으로 자족하는 비결을 터득한 그리스도인만이 진정한 기쁨을 나누는 유머의 대가가 될 수 있는 것입니다. 믿으십니까?

 G-Teens 믿음

자족하는 비결을 터득하는 그리스도인이 기쁨을 나눌 수 있습니다.

 생활 적용하기

1. 기쁨을 나누는 유머의 대가가 되는 세 가지 비결은 무엇인가요?

2. 기쁨을 나누기 위해 당신의 도움을 필요로 하는 사람들을 생각해 보고 어떻게 도울 것인지를 나눠보세요.

3. 주님의 은혜로 당신에게 도움을 베푼 사람들을 생각해 보고 그 사람들에게 감사의 편지를 보내세요.

 G-Teens 암송 | 빌립보서4:12~13

수통 하나의 기적

2차 세계대전 당시, 영국군 1개 소대가 무더운 벌판 한가운데서 적에게 포위되었습니다. 병사들은 무더위와 갈증에 허덕였습니다. 그러나 이들에게 남아 있는 물이라곤 소대장 허리춤에 있는 수통(물통) 1개가 전부였습니다. 소대장은 비장한 마음으로 수통을 열어 병사들에게 건네주었습니다. 병사들은 수통을 돌려가며 물을 마셨습니다.

그런데 수통이 다시 소대장에게 돌아왔을 때 소대장은 깜짝 놀랐습니다. 물이 반 이상 남아 있었기 때문입니다. 다음에 마실 전우를 생각하느라 병사들은 겨우 입만 축이고 다음 사람에게 넘겼던 것입니다. 여전히 찰랑거리는 수통은 병사들에게 새 힘을 주었습니다. 서로를 위하는 마음으로 고통을 함께 나눌 전우들이 옆에 있음을 깨달았기 때문입니다. 결국 병사들은 끝까지 견디며 지원군이 올 때까지 살아남았습니다.

여러분의 학교에서, 여러분의 가정에서 이런 일이 일어난다면, 얼마나 좋을까요? 도움을 주고, 받은 도움 때문에 감사하고 감격하여, 새로운 용기를 얻어 역경을 이겨나간다면, 우리가 사는 이 땅은 유머의 대가들로 가득하게 될 것입니다. 이 일에 바로 당신이 나서지 않으시겠습니까?

저자 소개

김인환 목사는 과거 장년 400명 출석인 서울제일침례교회 시무 시 청소년부를 250명으로 끌어올렸을 뿐 아니라 지구촌교회부임 5년만에 200명에서 1400명으로 끌어올린 청소년부 부흥의 살아있는 전설이다. 그는 "예배의 회복과 가정의 회복이 청소년의 회복이다"라는 슬로건을 내걸고 복음의 열정과 깊이있는 강해 설교로 청소년들을 변화시키고 있는 '복음의 비전메이커'이다. [세계를 품는 경건의 시간 GT]의 편집위원으로 있으며, 유스코스타(Youth Kosta)와 두란노바이블 칼리지 강사를 비롯해 젊은이를 위한 부흥집회와 교사세미나, 부모를 위한 자녀성공세미나, 침례신학대학교 기독교교육학과와 청소년 사역자들을 위해 강의를 하는 탁월한 교육전문사역자이다. 저서로는 소그룹 성경공부 교재 [너들이 믿음을 알어?(요한복음)], [별을 쏘다(창세기2)], [행복 바이러스(로마서)], [묻지마 다쳐(요한계시록)], [디지털 리더로 살아라(느헤미야)], [믿음을 휘날리며 믿음짱으로 살아라(창세기)], [시대를 이끄는 소명 붙들고 살아라(출애굽기)], [충전 100% 은혜로 살아라(에베소서)], [다음세대 전사가 되어라(사사기)], [21세기 리더 예수의 제자가 되어라(마가복음)], [세상을 바꾸는 영적 거인이 되어라(사무엘 상·하)], [역경을 기쁨으로 이기는 유머의 대가가 되어라(빌립보서)]와 부모와 교사, 그리고 사역자들의 필독서인 [사춘기를 알면 자녀의 성공이 보인다(두란노서원)] 등이 있다.

E-Mail : vimilo@korea.com 홈페이지: http://edu.jiguchon.org

역경을 기쁨으로 이기는 유머의 대가가 되어라 - 빌립보서

초판발행/ 2005. 10. 1
지 은 이/ 김인환
발 행 처/ 도서출판 글로벌틴
등　　록/ 제10-0763호
　　　　　143-912 서울 광진구 중곡1동 638-7, 1층
전　　화/ (02)2205-3818
팩　　스/ (02)2205-3817
웹사이트/ www.gtm.or.kr
총　　판/ 기독교출판유통 (031)906-9191~4
디 자 인/ 노승석 (016)9436-1225
편　　집/ 오상균 (016)745-1784
일러스트/ 장미희 (019)403-1080

ISBN 89-85447-41-6